공부력을 길러 주는
요즘 아이들의 똑똑한 **독해** 습관

문해력보스

한국사 우리 인물 (3종) / 우리 문화 (3종)

세계사 세계 인물 (3종) / 세계 문화 (3종)

* 2022년 11월 출간 예정

eduwill

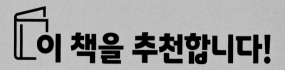

이 책을 추천합니다!

✒ 이 책을 추천하신 선생님들

"교과서독해 + 디지털독해 콘셉트는 단언컨대, 문해력의 빛나는 종합 선물 세트예요."

황준경 | 대광초등학교 교사

"교과서와 100% 연계된 글감으로 학교공부를 대비할 수 있어요."

나문정 | 한일초등학교 교사

"디지털 홍수 시대, 아이들이 현명한 판단을 내릴 수 있도록 하는 나침반 같은 책이에요."

박현진 | 샛별초등학교 교사

"문해력을 기르면서 동시에 배경지식까지 쌓아 두 마리 토끼를 잡을 수 있는 책이에요."

박미송 | 오송고등학교 교사

✒ 이 책을 추천하신 학부모님들

"아이들이 지루해하지 않아요. 스스로 연필을 잡고 공부하는 모습이 감동이었어요."

김태진 학생 어머니 | 상록초등학교

"교과서독해에서 배운 내용을 디지털독해를 통해 한 번 더 공부해서 좋았어요."

정유정 학생 어머니 | 부산진초등학교

"디지털독해가 뭔지 잘 몰랐는데, 책을 펼친 후 바로 알았네요.
공부뿐만 아니라 요즘 시대에 아이들에게 정말 필요한 능력을 길러 주는 책이라고 생각해요."

박수현 학생 어머니 | 광주서초등학교

"교과서를 기반으로 구성된 독해가 정말 매력적이었어요. 무엇보다 교과서가 중요하니까요."

신지훈 학생 어머니 | 고일초등학교

문해력 레벨업 게임

하루 공부를 마칠 때마다 오른쪽 딱지를 오려 붙여서 게임판을 완성해 보세요.

딱지를 오려요

문해력 보스

한국사 초등 3~6학년

우리 문화 ❸ 조선 후기~근현대

우리 아이에게
"문해력"이 필요한 이유

문해력은 "글을 읽고 쓸 줄 아는 능력"입니다.
그럼 우리 아이의 문해력을 키우면 성적이 올라갈까요?

네, 그렇습니다.
문해력은 공부를 하는 데 필요한 기본 도구입니다.
국어, 사회, 과학 등 아이들이 배우는 과목에는 읽기와 쓰기 능력이 필요합니다.
문해력이 높으면 질문을 쉽게 이해하고
올바른 대답을 쓰거나 말할 수 있습니다.
문해력은 우리 아이의 학습 능력 그 자체입니다.
그래서 우리 아이에게 문해력이 필요합니다.

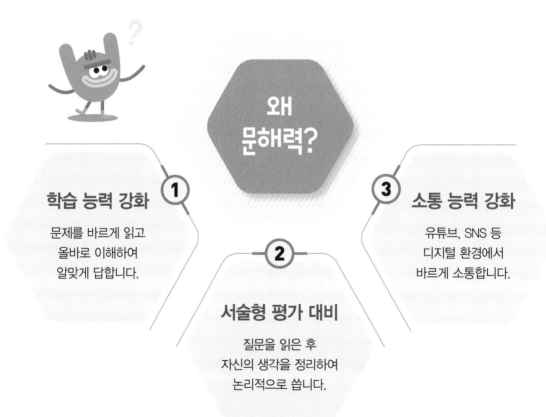

왜 문해력?

학습 능력 강화 ①
문제를 바르게 읽고
올바로 이해하여
알맞게 답합니다.

서술형 평가 대비 ②
질문을 읽은 후
자신의 생각을 정리하여
논리적으로 씁니다.

소통 능력 강화 ③
유튜브, SNS 등
디지털 환경에서
바르게 소통합니다.

"문해력보스"가 특별한 이유!

문해력보스는 일반적인 문해력 책과 다릅니다.
이 책은 "글 문해력과 디지털 문해력을 함께 기르는 훈련서"입니다.

글에 대한 문해력을 키우는 것만큼 중요한 것은
유튜브, SNS와 같은 디지털 매체에 대한 문해력을 키우는 것입니다.
우리 아이는 디지털 매체가 가득한 세상에 살고 있습니다.
학교나 집에서 태블릿 PC로 수업을 하고,
유튜브를 보며, SNS로 친구들과 소통합니다.
"문해력보스"는 초등 교과와 연계된 다양한 글을 읽고,
이와 관련된 광고, 뉴스, 블로그 등 다양한 형태의 매체를 접하며 훈련합니다.
"문해력보스"는 우리 아이가 세상을 보는 힘을 길러 줍니다.

문해력 보스는?

교과서독해 ①
교과와 연계한
다양한 글감을 읽고
글에 대한 문해력을
기릅니다.

디지털독해 ②
뉴스, 블로그 등
다양한 매체를 접하며
디지털 문해력을
기릅니다.

어휘 학습 ③
문해력의 기초가 되는
어휘를 풍부하게
익힙니다.

문해력보스
구성과 특징

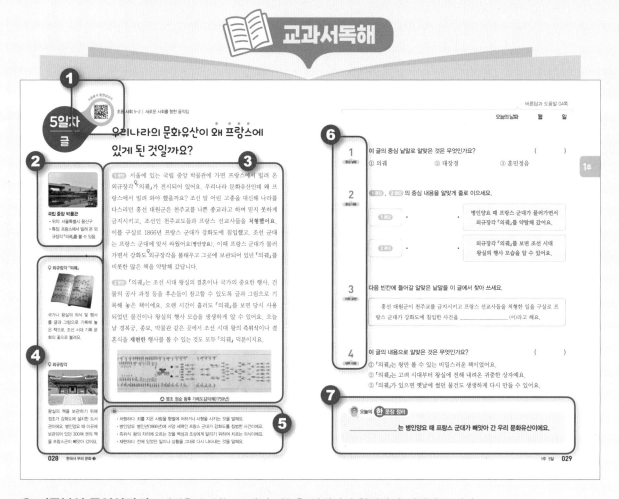

❶ 지문분석 동영상강의 어려울 수 있는 교과서 지문을 선생님이 친절하게 설명해 줍니다.

❷ 문화유산 정보 관련된 문화유산을 볼 수 있는 곳을 소개합니다.

❸ 교과서 지문 초·중등 교과서에 나오는 문화유산을 알고 교과 지식을 쌓습니다.

❹ 보충 설명 교과서 지문을 이해하는 데 참고할 배경지식을 함께 학습합니다.

❺ 어휘 풀이 사전을 찾아보지 않고 바로바로 어휘의 뜻을 확인합니다.

❻ 문해력을 기르는 문제 중심 낱말, 중심 내용, 세부 내용, 내용 추론, 내용 요약, 어휘 표현의 6가지 문제 유형을 골고루 풀어 보며 자연스럽게 문해력을 기릅니다.

❼ 오늘의 한 문장 정리 교과서 지문에서 배운 내용을 한 문장으로 정리하는 연습을 합니다.

디지털독해

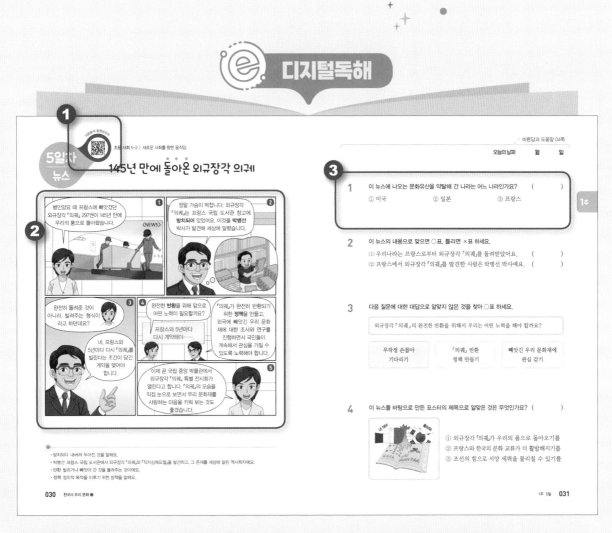

① **지문분석 동영상강의** 일상생활에서 접할 수 있는 다양한 디지털 매체의 종류와 읽는 방법을 알려 줍니다.

② **디지털 매체 지문** 교과서독해에서 학습한 주제를 뉴스, 블로그 등 다양한 디지털 매체 지문으로 나타냈습니다.

③ **문해력을 기르는 문제** 디지털 매체 지문을 제대로 이해하였는지 점검하며 디지털 문해력을 기릅니다.

디지털 매체 지문 보기

동영상(위) 백과사전(아래)

설문조사

온라인대화

신문기사

문해력보스
구성과특징

어휘 정리

1~5일 지문에서 나온 중요 어휘를 정리해 보세요.

오늘의 날짜   월   일

1주

1 밑줄 친 낱말의 뜻을 알맞게 줄로 이으세요.

소리꾼은 노래하고 고수는 북장단을 치며 추임새를 넣어요.	·	·	적의 침입을 막기 위해 도시나 마을 둘레에 쌓은 성
수원 화성은 성곽 건축의 꽃으로 불려요.	·	·	판소리에서 고수가 흥을 돋우기 위해 하는 말
탈춤은 양반에 대한 풍자를 담고 있어서 인기가 매우 많았어요.	·	·	옳지 못한 일을 다른 것에 빗대어 비웃으며 드러내는 것
박지원은 『열하일기』에서 청의 새로운 문물을 소개했어요.	·	·	제도나 기구를 새롭게 뜯어고치다.
정조는 수원 화성에 조선을 개혁하려는 꿈을 담았어요.	·	·	'산과 내'라는 뜻으로, 자연을 이르는 말
정선은 우리 산천의 아름다운 경치를 그림으로 그렸어요.	·	·	정치, 종교, 예술, 법, 제도 같은 문화에 관한 모든 것

2 밑줄 친 낱말과 뜻이 비슷한 낱말을 〈보기〉에서 찾아 빈칸에 쓰세요.

〈보기〉
겪다   관람객   꾸밈없다   막다   빼앗다

(1) 병인양요 때 프랑스 군대는 『의궤』를 약탈해 갔어요. _____
(2) 서민들은 자신의 생각이나 감정을 솔직하게 표현했어요. _____
(3) 수원 화성에는 적군을 잘 방어하기 위해 옹성을 쌓았어요. _____
(4) 구경꾼들도 추임새를 넣으며 판소리에 참여할 수 있어요. _____
(5) 박지원은 청나라에서 경험하고 느낀 것을 책으로 썼어요. _____

3 다음 문장의 밑줄 친 낱말을 바르게 고쳐 빈칸에 쓰세요.

(1) 외규장각 『의궤』가 완전히 반환되지 않고 있어요. _____
(2) 광대들이 익쌀스러운 말이나 행동을 하며 연기를 해요. _____
(3) 『춘향가』는 양반의 횡포를 고발하는 내용을 담고 있어요. _____
(4) 수원 화성을 쌓을 때 정약용이 만든 기중기를 이용했어요. _____
(5) 김정호는 지도를 목판에 세겨 여러 장 만들 수 있게 했어요. _____

한 주간 배운 중요 어휘를 문제를 풀어 보며 확인합니다.

· **1번**에서는 앞에서 배운 어휘의 뜻을 알맞게 연결합니다.
· **2번**에서는 뜻이 서로 비슷한 어휘를 알아봅니다.
· **3번**에서는 맞춤법에 맞는 어휘를 확인합니다.

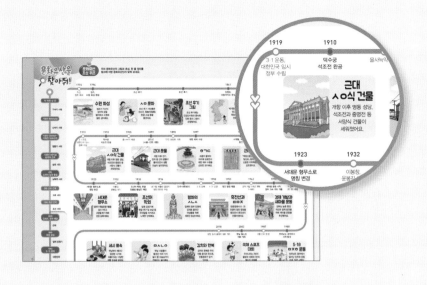

문화유산 초성 퀴즈 연표

연표를 따라가며 문화유산의 그림과 초성, 한 줄 정리를 통해 각 권에서 배운 중요 문화유산의 이름을 맞혀 봅니다.

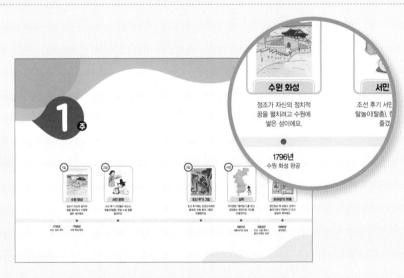

미리 보는 주별 학습

연표를 따라가며 해당 주에 만날 문화유산의 이름과 특징을 살펴봅니다.

바른답과 도움말

문제를 풀고 난 후 바른답과 도움말을 통해 혼자서도 쉽게 공부할 수 있습니다.

문해력보스 한국사 우리 문화 ❶, ❷권 주제 살펴보기

공부 습관을 만드는 스스로 학습 계획표

매일 공부를 마친 후, 공부한 날과 목표 달성도를 채워 보세요.

진도		유형	주제	쪽수	공부한 날		목표 달성도
1주	1일	글	정조는 왜 수원에 성을 만들었을까요?	12~15쪽	월	일	♡♡♡
		온라인대화	수원 화성에 담긴 왕의 꿈				
	2일	글	조선 후기의 서민 문화는 무엇일까요?	16~19쪽	월	일	♡♡♡
		초대장	재미있는 판소리 공연을 보러 오세요				
	3일	글	조선 후기에 유행한 그림은 무엇일까요?	20~23쪽	월	일	♡♡♡
		온라인박물관	대표 풍속화가, 김홍도와 신윤복				
	4일	글	실학자들은 어떤 일을 했을까요?	24~27쪽	월	일	♡♡♡
		광고	실학자들이 만든 책과 지도				
	5일	글	우리나라의 문화유산이 왜 프랑스에 있게 된 것일까요?	28~31쪽	월	일	♡♡♡
		뉴스	145년 만에 돌아온 외규장각 의궤				
	특별학습	1주 정리	어휘 정리				
2주	1일	글	개항 이후 학생들은 무엇을 배웠을까요?	36~39쪽	월	일	♡♡♡
		온라인대화	역사 탐구반 근대 학교 답사				
	2일	글	우리나라를 지키기 위해 신문은 어떤 역할을 했을까요?	40~43쪽	월	일	♡♡♡
		신문기사	독립신문, 민족의식을 깨우다				
	3일	글	고종이 황제에 오른 장소는 어디일까요?	44~47쪽	월	일	♡♡♡
		스토리보드	황제가 다스리는 나라, 대한 제국				
	4일	글	개항 이후 변화된 생활 모습은 어땠을까요?	48~51쪽	월	일	♡♡♡
		SNS	전깃불도 보고 전차도 타고 왔어요				
	5일	글	개항 이후 도시에 세워진 서양식 건물은 무엇일까요?	52~55쪽	월	일	♡♡♡
		웹툰	개항 이후 도시로 간 역사 탐험대				
	특별학습	2주 정리	어휘 정리				
3주	1일	글	일제는 왜 감옥을 만들었을까요?	62~65쪽	월	일	♡♡♡
		웹툰	감옥에서도 만세를 부른 유관순				
	2일	글	한글을 지키려고 어떤 노력을 했을까요?	66~69쪽	월	일	♡♡♡
		영화	우리말을 지켜라, 말모이 작전				
	3일	글	평화의 소녀상은 왜 만들어졌을까요?	70~73쪽	월	일	♡♡♡
		인터뷰	일본군 '위안부' 피해자, 김 할머니의 소원				
	4일	글	6·25 전쟁이 남긴 것은 무엇일까요?	74~77쪽	월	일	♡♡♡
		동영상	옛이야기에 담긴 마을 이름의 유래				
	5일	글	경제 발전의 과정은 어떤 모습이었을까요?	78~81쪽	월	일	♡♡♡
		광고	농촌 환경 바꾸기				
	특별학습	3주 정리	어휘 정리				
4주	1일	글	1980년 5월, 광주에 어떤 일이 있었을까요?	86~89쪽	월	일	♡♡♡
		일기	1980년 5월 광주, 그날의 일기				
	2일	글	우리나라에서 열린 국제 스포츠 대회는 무엇일까요?	90~93쪽	월	일	♡♡♡
		설문조사	2002년 한일 월드컵 대회 설문 조사				
	3일	글	우리의 전통 음식과 옷은 무엇일까요?	94~97쪽	월	일	♡♡♡
		백과사전	아름다운 우리 옷, 한복				
	4일	글	옛날 사람들은 어떤 놀이를 즐겼을까요?	98~101쪽	월	일	♡♡♡
		잡지	민속놀이의 꽃, 씨름의 모든 것				
	5일	글	세시 풍속에는 무엇이 있을까요?	102~105쪽	월	일	♡♡♡
		온라인박물관	옛날부터 전해지는 계절에 따른 생활 모습				
	특별학습	4주 정리	어휘 정리				

1주

1일

수원 화성

정조가 자신의 정치적
꿈을 펼치려고 수원에
쌓은 성이에요.

2일

서민 문화

조선 후기 서민들은 판소리,
탈놀이(탈춤), 한글 소설 등을
즐겼어요.

1776년
조선, 정조 즉위

1796년
수원 화성 완공

연표를 따라가며 1주차에 만날 문화유산의
이름과 특징을 살펴보세요.

3일

조선 후기 그림

조선 후기에는 진경산수화와
풍속화, 민화 등의 그림이
유행했어요.

4일

실학

박지원은 『열하일기』를 썼고,
김정호는 목판으로 지도를
만들었어요.

5일

외규장각 의궤

병인양요 때 프랑스 군대가
물러가면서 약탈해 간 조선
왕실의 책이에요.

1861년
대동여지도 완성

1863년
조선, 고종 즉위 /
흥선 대원군 집권

1866년
병인양요

지문분석 동영상강의

1일차 글

정조는 왜 수원에 성을 만들었을까요?

수원 화성
- 위치: 경기도 수원시
- 특징: 정조가 수원에 쌓은 성으로, 성곽 건축의 꽃으로 불림.

1 문단 수원 화성은 조선의 제22대 왕인 정조가 화성(지금의 수원)에 건설한 도시예요. 효심이 지극한 정조는 아버지 사도 세자의 무덤을 화산(지금의 화성)으로 옮기고, 새로운 도시를 만들어 자신이 꿈꾸는 정치를 펼치려고 했어요. 정조는 농민들은 편안히 농사를 짓고, 상인들은 자유롭게 장사를 하며 살 수 있는 도시를 만들기 위해 여러 신하와 화성을 건축하는 방법을 의논했어요. 화성을 설계할 때 완성까지 약 10년 정도 걸릴 것으로 예상했는데, 정약용이 만든 **거중기**와 같은 기구를 이용한 덕분에 화성은 3년도 걸리지 않아 완성되었답니다.

◎ 수원 화성

2 문단 수원 화성은 상업적 기능과 군사적 기능을 동시에 수행할 수 있도록 만들어졌어요. **행궁** 앞 도로에는 시장을 만들어 상업이 발달할 수 있도록 했어요. 적군이 쳐들어왔을 때 잘 막아 내기 위해 동서남북 4개의 문에는 항아리 모양의 **옹성**을 쌓고, 공심돈 같은 독특한 방어 시설도 갖추었지요. 화성의 성벽은 구불구불한 언덕길을 따라 지어져 적의 공격에도 튼튼할 뿐만 아니라 보기에도 아름다워요. 주변의 자연과 조화를 잘 이루고 있는 방화수류정은 화성에서 가장 아름다운 건축물로 손꼽히지요. 유네스코 세계 유산으로 지정된 수원 화성은 조선 시대 **성곽** 건축의 꽃으로 불린답니다.

♀ 공심돈

속이 비어 있는 건축물로 적을 감시하고 화포를 쏘기 위한 구멍이 뚫려 있어요. 우리나라 건축물 중 수원 화성에서만 볼 수 있는 시설이에요.

- **거중기** 도르래의 원리를 이용해 무거운 물건을 쉽게 들어 올릴 수 있도록 한 기구예요.
- **행궁** 왕이 밖으로 나갔을 때 임시로 머물던 궁궐이에요.
- **옹성** 성문을 보호하고 성을 튼튼히 지키기 위하여 항아리 모양으로 쌓은 작은 성이에요.
- **성곽** 적의 침입을 막기 위해 도시나 마을 둘레에 쌓은 성이에요.

1

중심 내용

 , 의 중심 내용을 알맞게 줄로 이으세요.

| 1 문단 | • | • | 수원 화성은 정조가 건설한 도시예요. |
| 2 문단 | • | • | 수원 화성은 성곽 건축의 꽃으로 불려요. |

2

세부 내용

이 글의 내용으로 알맞은 것은 무엇인가요?　　　　　　　（　　　　）

① 정조는 수원 화성을 건축하는 방법을 혼자서 떠올렸어요.

② 정조는 새로운 도시를 만들어 백성들을 데려오려고 했어요.

③ 수원 화성은 공심돈 같은 독특한 방어 시설을 갖추고 있어요.

3

내용 추론

수원 화성이 예상보다 빨리 완성된 까닭으로 알맞은 것은 무엇인가요? （　　　　）

① 정약용이 만든 거중기를 이용했기 때문에

② 적군이 쳐들어왔을 때 잘 막아 냈기 때문에

③ 구불구불한 언덕길을 따라 성벽을 지었기 때문에

4

어휘 표현

다음 빈칸에 들어갈 알맞은 낱말을 이 글에서 찾아 쓰세요.

 ＿＿＿＿＿＿＿＿ 은/는 주변 자연과 조화를 잘 이루고 있어 화성에서 가장 아름다운 건축물로 손꼽혀요.

 오늘의 **한** 문장 정리

수원 화성은 ＿＿＿＿＿＿＿ 의 꿈과 여러 기능을 두루 갖춘 아름다운 성이에요.

수원 화성에 담긴 왕의 꿈

1

수원 화성 건설 현장 보고 알림방

정조
드디어 화성이 완성되었군요. 참으로 멋진 도시가 건설되었소.

언덕을 이용해 자연스럽게 성을 쌓고, 남북을 가로질러 흐르는 물이 통과하도록 무지개다리도 놓았군요. 홍수에도 걱정 없겠구려.

정약용
모두 전하의 은혜 덕분입니다. 전하께서 주신 책인 『기기도설』을 참고해 만든 거중기를 이용하니 공사 기간을 크게 줄일 수 있었습니다.

정조
허허. 그렇소? 그대가 설계를 맡아 준 것이 고마울 뿐이오. 거중기가 큰 역할을 했다고 하지만, 10년을 예상한 공사를 3년도 안 되어 완성하다니 참으로 놀랍소.

2

수원 화성 건설 현장 보고 알림방

정조
일꾼들에게 일한 만큼의 품삯을 주는 방법은 어땠소?

정약용
일꾼들이 일한 만큼 품삯을 받아 가니 더욱 열심히 일하였습니다. 또한 자기가 공사한 부분의 벽에다가 이름을 써넣으니 책임감을 가지고 열심히 일했습니다.

정조
내가 머물 행궁도 이리 멋지게 지어 주어 참 고맙소이다. 행궁 앞에 시장을 만들면 물건을 자유롭게 사고팔 수 있게 될 것이오. 그러면 백성들도 곧 부자가 될 수 있겠지요? 허허.

앞으로 이 화성은 조선을 새롭게 **개혁하는** 데 중요한 **근거지**가 될 것이오. 당장 어머니를 모시고 와서 이 멋진 화성을 보여 드리고 싶다는 생각뿐이라오.

정약용
전하의 은혜가 하늘과 같습니다.

• 기기도설 중국 명나라 때에 기계를 그림으로 그려 풀이한 책이에요.

• 개혁하다 제도나 기구를 새롭게 뜯어고치거나 바꾸는 것을 말해요.

• 근거지 활동을 하거나 일을 할 때 중심 역할을 하는 장소를 뜻해요.

1 이 대화에 나오는 사람은 누구인가요?   (   )

① 세종과 장영실   ② 정조와 정약용   ③ 태조와 정도전

2 이 대화의 내용으로 맞으면 ○표, 틀리면 ×표 하세요.

⑴ 수원 화성의 행궁 앞에는 사도 세자의 무덤을 만들었어요.   (   )

⑵ 수원 화성의 일꾼들은 일한 것보다 더 많은 품삯을 받았어요.   (   )

3 정조가 수원 화성을 만든 까닭으로 알맞은 것은 무엇인가요?   (   )

① 할아버지를 수원 화성에 모셔 오기 위해

② 조선을 새롭게 개혁하는 근거지로 삼기 위해

③ 백성들이 물건을 자유롭게 사고팔게 하기 위해

4 다음 빈칸에 들어갈 알맞은 낱말을 이 대화에서 찾아 쓰세요.

수원 화성의 건설에는 새로운 과학 기술과 지식이 활용되었어요. 『기기도설』을 참고해 정약용이 만든 _____은/는 도르래의 원리를 이용해 적은 힘으로 무거운 물건을 들어 올리는 장치예요.

2일차 글

★ ★ ★ ★
조선 후기의 서민 문화는 무엇일까요?

고창 판소리 박물관
• 위치: 전라북도 고창군
• 특징: 판소리의 전통을 잇는 다양한 자료를 볼 수 있음.

1 문단 조선 후기에는 모내기법으로 농사짓기 시작하면서 쌀 생산량이 늘어났어요. 그러자 먹고 남은 쌀을 팔려고 하는 사람들이 생겼고 이에 시장이 많이 만들어지면서 상업이 발달하게 되었어요. 경제적으로 여유가 생긴 서민들은 그동안 양반들이 독차지했던 문화와 예술에 관심을 갖기 시작했어요. 조선 후기 서민들이 즐겼던 대표적인 문화에는 한글 소설, 판소리, 탈놀이(탈춤) 등이 있답니다.

2 문단 판소리는 소리꾼 한 사람이 **고수**의 북장단에 맞추어 긴 이야기를 노래로 들려주는 우리나라 전통 공연이에요. 소리꾼은 서서 노래하고, 고수는 앉아서 북장단을 치며 '얼씨구!', '좋다!'와 같은 말로 **추임새**를 넣어서 흥을 돋우어 주는 역할을 해요. 판소리는 구경꾼들도 추임새를 넣으며 공연에 참여할 수 있기 때문에 서민들에게 큰 호응을 얻었고, 시간이 지나면서 양반층에게도 많은 인기를 끌게 되었답니다.

📍 모내기법

벼를 싹 틔운 모를 논으로 옮겨 심는 농사 방법이에요.

3 문단 탈놀이는 탈을 쓰고 춤을 추는 놀이를 말해요. 양반이나 하인의 모습을 한 탈을 쓴 광대들이 **익살스러운** 말이나 행동을 하며 평소에는 말하지 못했던 백성들의 생각이나 감정을 솔직하게 표현했어요. 탈놀이는 조선 시대 지배 계층인 양반에 대한 **풍자**를 담고 있어서 백성들에게 인기가 매우 많았어요.

📍 판소리

긴 이야기를 노래로 들려주는 우리나라 전통 공연인 판소리는 2008년에 유네스코 인류 무형 유산 대표 목록으로 등재되었어요.

⬆ 하회 별신굿 탈놀이(안동)

• 고수 북이나 장구를 치는 사람을 말해요.
• 추임새 판소리에서 고수가 흥을 돋우기 위해 하는 말이에요.
• 익살스럽다 남을 웃기려고 일부러 우스운 말이나 행동을 하는 것이에요.
• 풍자 옳지 못하거나 못마땅한 일을 다른 것에 빗대어 비웃으면서 드러내는 것을 말해요.

오늘의날짜   월   일

1
중심 낱말

이 글의 중심 낱말로 알맞지 <u>않은</u> 것은 무엇인가요?   (   )

① 판소리   ② 탈놀이   ③ 모내기법

2
중심 내용

1문단 , 2문단 , 3문단 의 중심 내용을 알맞게 줄로 이으세요.

1문단   ·

2문단   ·

3문단   ·

· 탈놀이는 백성들의 생각을
솔직하게 표현했어요.

· 경제적으로 여유가 생긴 서민들은
문화에 관심을 가졌어요.

· 판소리는 서민들은 물론
양반층에게도 인기를 끌었어요.

3
세부 내용

이 글의 내용으로 알맞은 것은 무엇인가요?   (   )

① 구경꾼들도 추임새를 넣으며 판소리 공연에 참여할 수 있어요.

② 탈놀이에서 양반을 풍자한 광대는 평생 탈을 벗을 수 없었어요.

③ 조선 후기에 유행한 서민 문화에는 바둑, 한시 짓기 등이 있어요.

4
어휘 표현

다음 빈칸에 들어갈 알맞은 낱말을 이 글에서 찾아 쓰세요.

탈놀이(탈춤)는 조선 시대 지배 계층인 ＿＿＿＿＿＿＿ 에 대한 풍자를
담고 있어서 백성들에게 인기가 매우 많았어요.

오늘의 **한** 문장 정리

조선 후기에 ＿＿＿＿＿＿ 들 사이에는 판소리와 탈놀이 같은 문화가 유행했어요.

2일차
초대장

재미있는 판소리 공연을 보러 오세요

우리 소리의 멋을 느끼는 판소리 다섯 마당

공연 일시 20○○년 ○월 ○일 오후 4시
공연 장소 ○○ 야외 공연장
입장료 무료

▶ **심청가**
앞을 보지 못하는 아버지의 눈을 뜨게 하려는 **효녀** 심청이의 이야기를 담고 있어요.

▶ **춘향가**
성춘향과 이몽룡의 사랑 이야기를 중심으로, 당시 양반 계급의 **횡포**를 고발하는 내용을 담고 있어요.

▶ **흥부가**
가난한 아우인 흥부와 부자 형인 놀부 이야기를 바탕으로, 형제간의 우애를 다루고 있어요.

▶ **적벽가**
중국 삼국 시대, 유비의 군대가 **적벽 대전**에서 조조의 군사를 크게 이기는 이야기를 담고 있어요.

▶ **수궁가**
토끼의 간을 먹어야 병이 낫는 용왕을 살리기 위해 육지로 나간 자라가 토끼를 용궁에 데려오는 이야기를 담고 있어요.

- **효녀** 부모를 잘 섬기는 딸을 말해요. '효'는 어버이를 잘 섬기는 일을 가리켜요.
- **횡포** 제멋대로 굴며 몹시 난폭하게 행동하는 것을 말해요.
- **적벽 대전** 중국 삼국 시대, 손권과 유비의 연합군이 조조의 군대를 양쯔강 남쪽 강가인 적벽에서 크게 무찌른 싸움을 말해요.

1주

1 이 초대장에 나오는 판소리 다섯 마당이 <u>아닌</u> 것은 무엇인가요?   (   )

① 수궁가   ② 춘향가   ③ 하여가

2 이 초대장의 내용으로 맞으면 ○표, 틀리면 ×표 하세요.

⑴ 자라는 병든 용왕을 살리려고 토끼를 용궁으로 데려갔어요.   (   )

⑵ 「적벽가」는 이순신이 명량 해전에서 싸운 내용을 담고 있어요.   (   )

3 판소리의 제목과 내용을 알맞게 줄로 이으세요

┌─────────┐
│ 흥부가 │ •
└─────────┘

• ┌──────────────────────────────────┐
  │ 가난한 아우와 부자 형의 이야기를 통해 │
  │ 형제간의 우애를 다루고 있어요. │
  └──────────────────────────────────┘

┌─────────┐
│ 심청가 │ •
└─────────┘

• ┌──────────────────────────────────┐
  │ 앞을 못 보는 아버지를 모시는 딸의 이야기를 │
  │ 통해 부모에 대한 효를 담고 있어요. │
  └──────────────────────────────────┘

4 다음 장면이 나오는 판소리의 제목으로 알맞은 것은 무엇인가요?   (   )

춘향이 기가 막혀 "푸른 소나무와 대나무가 눈이 온들 변할까요."
어사또 명령하되 "얼굴 들어 나를 보라." 하시니, 춘향이 고개 들어 보니
"어젯밤 감옥 앞에 거지로 왔던 낭군님이 어사또로 오셨구나."

• 어사또 왕의 명령으로 특별한 임무를 띠고 지방에 보내던 임시 벼슬인 '어사'의 높임말이에요.

① 심청가   ② 적벽가   ③ 춘향가

3일차
글

자문분석 동영상강의

조선 후기에 유행한 그림은 무엇일까요?

겸재 정선 박물관
· 위치: 서울특별시 강서구
· 특징: 조선 후기 화가 정선의 작품을 감상할 수 있음.

1 문단 정선이 등장하기 전까지 조선의 화가들은 중국의 그림을 흉내 내거나 중국의 자연을 상상하여 그림을 그렸어요. 진짜 조선의 경치를 그리고 싶었던 정선은 전국 곳곳을 돌아다니며 실제로 본 경치를 자신만의 방법으로 그렸어요. 정선이 그린 그림은 실제로 존재하는 경치를 사실적으로 그렸다고 해서 '진경산수화'라고 해요. 우리 **산천**의 경치를 아름답게 표현한 정선의 그림은 사람들에게 "우리의 강과 산, 즉 우리의 것이 더 아름답다."라는 **자긍심**을 심어 주었어요. 정선의 대표 작품에는 「금강전도」와 「인왕제색도」가 있어요.

2 문단 풍속화는 당시 사람들이 살았던 사회의 생활 모습이나 풍습을 그린 그림이에요. 조선 후기 대표적 풍속화가 김홍도와 신윤복은 다양한 사람들의 생활 모습을 그림으로 담아냈어요. 김홍도는 서민들의 일상생활을 **생동감** 있게 표현했고, 신윤복은 양반들의 생활이나 여성을 주인공으로 하는 그림을 주로 그렸답니다. 한편, 조선 후기에 크게 유행한 민화는 '백성들이 그린 그림'이라는 뜻이에요. 당시 이름이 없는 화가나 서민들은 자신의 생각이나 감정을 솔직하게 민화로 표현했어요. 민화 속에는 소나무, 까치, 호랑이처럼 서민들의 생활과 친숙한 대상이 많이 등장해요. 민화는 알록달록한 색과 **기발한** 표현을 사용해 틀에 얽매이지 않고 익살스럽다는 특징이 있답니다.

🔺 민화 「까치와 호랑이」
무서운 호랑이를 익살스럽게 표현했어요.

📍 정선의 「인왕제색도」

비가 그친 후 맑게 갠 서울 인왕산의 풍경을 사실적으로 그린 그림이에요.

· **산천** '산과 내'라는 뜻으로, 자연을 이르는 말이에요.
· **자긍심** 스스로를 떳떳하고 자랑스럽게 여기는 마음을 말해요.
· **생동감** 생기 있게 살아 움직이는 듯한 느낌을 말해요.
· **기발하다** 유달리 재치가 뛰어난 것을 말해요.

오늘의 날짜   월   일

1

중심 낱말

1문단 의 중심 낱말로 알맞지 <u>않은</u> 것은 무엇인가요?   (   )

① 정선   ② 풍속화   ③ 진경산수화

2

중심 내용

1문단 , 2문단 의 중심 내용을 알맞게 줄로 이으세요.

1문단 ·

· 풍속화와 민화는 사람들의 생활 모습이나
감정을 솔직하게 그린 그림이에요.

2문단 ·

· 정선은 우리나라에 실제로 존재하는
경치를 사실적으로 그렸어요.

3

어휘 표현

다음 빈칸에 들어갈 알맞은 낱말을 이 글에서 찾아 쓰세요.

정선의 그림은 우리나라에 실제로 존재하는 자연의 모습을 사실적으로 그렸다고
해서 '_____ 산수화'라고 해요.

4

세부 내용

이 글의 내용으로 알맞지 <u>않은</u> 것은 무엇인가요?   (   )

① 김홍도는 중국 화가들의 작품을 흉내 내서 그림을 그렸어요.

② 민화를 그린 화가들은 알록달록한 색과 기발한 표현을 사용했어요.

③ 신윤복은 양반들의 생활이나 여성을 주인공으로 하는 그림을 그렸어요.

 오늘의 한 문장 정리

조선 후기에 유행한 그림으로는 진경산수화, _____ , 민화가 있어요.

3일차 온라인 박물관

지문분석 동영상강의

대표 풍속화가, 김홍도와 신윤복

QR 코드를 찍어
풍속화에 대해
알아보아요.

🔒 10:10 📶   100% 🔋

조선 후기 풍속화 특별 전시

김홍도의 「서당」

시대 조선 **크기** 22.2cm × 26.9cm

소장 국립 중앙 박물관

그림 해설

조선 시대 **서당**에서 공부하는 모습을 그린 풍속화이다. **훈장** 선생님 앞에 등을 돌리고 앉아 눈물을 훌쩍이는 가운데 아이의 모습이 눈에 띈다. 훈장 선생님의 왼쪽에는 일찍 결혼을 해서 머리에 갓을 쓴 학생도 보인다. 우는 학생을 지켜보는 훈장 선생님의 찌푸린 얼굴과 이 상황을 바라보는 **학동**들의 표정을 재미있게 표현했다.

신윤복의 「단오풍정」 일부분

시대 조선 **크기** 35.6cm × 28.2cm

소장 간송 미술관

그림 해설

음력 5월 5일 단오를 맞아 냇가에 놀러 나온 여인들의 모습을 그린 풍속화이다. 노란 저고리에 다홍치마를 입은 여인이 언덕 위 큰 나무에 맨 그네에 막 오르는 순간을 생생하게 표현했다.

풍속화 알아보기

(1) 당시 사회의 생활 모습이나 풍습을 그린 그림이에요.
(2) 조선 후기 대표 풍속화가로는 김홍도와 신윤복이 있어요.

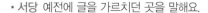

- **서당** 예전에 글을 가르치던 곳을 말해요.
- **훈장** 글방에서 글을 가르치던 선생님을 가리켜요.
- **학동** 글방에서 글을 배우는 아이예요.

1 이 전시에 나오는 풍속화로 알맞은 것은 무엇인가요?   (   )

① 서당   ② 씨름   ③ 활쏘기

2 이 전시의 내용으로 맞으면 ○표, 틀리면 ×표 하세요.

(1) 「단오풍정」은 김홍도가 그린 산수화예요.   (   )

(2) 신윤복은 단옷날 냇가에 놀러 나온 여인들의 모습을 그렸어요.   (   )

3 김홍도의 그림에 나오지 <u>않는</u> 인물을 찾아 ○표 하세요.

우는 학생   갓 쓴 학생   훈장 선생님   안경 쓴 학생

4 이 전시에서 볼 수 있는 풍속화로 알맞은 것은 무엇인가요?   (   )

①
🔺 금강산의 풍경을
사실적으로 그린 그림

②
🔺 논을 가는 백성들의
모습을 그린 그림

③
🔺 연꽃과 물총새가 있는
연못 풍경을 그린 그림

4일차

글

⭐⭐⭐ 실학자들은 어떤 일을 했을까요?

실학 박물관
- 위치: 경기도 남양주시
- 특징: 조선 후기 실학과 관련된 유물과 자료를 볼 수 있음.

📍 **박지원의 『열하일기』**

📍 **대동여지도**

대동여지도 22권을 모두 이어 붙이면 건물 3층 높이의 큰 지도가 만들어져요.

1문단 "청나라에서 보고 들은 것을 글로 써서 남겨야 해." 조선 후기 **실학자** 박지원은 사신을 따라 청나라에 갔어요. 그동안 오랑캐라고만 여겼던 청나라는 서양 **문물**을 받아들여 조선보다 과학 기술이 발달해 있었어요. 벽돌을 이용해 건물을 짓고, 선박과 수레를 이용해 물건을 실어 나르고 있었지요. 박지원은 조선 사람들도 잘살기 위해서는 청나라의 앞선 문물을 받아들여야 한다고 생각했어요. 조선으로 돌아온 박지원은 청나라에서 경험하고 느낀 것을 **기행문**으로 썼는데, 이 책이 바로 『열하일기』예요. 박지원은 『열하일기』에서 청나라에서 경험한 새로운 문물과 청나라의 발전된 모습을 두루 소개하며 조선에도 실용적인 학문이 필요하다고 널리 알렸답니다.

2문단 한편, 지도에 관심이 많았던 김정호는 그동안 만들어진 다양한 지도를 참고해 대동여지도를 만들었어요. 이 지도에는 우리나라의 산과 강, 도로가 자세하게 그려져 있을 뿐만 아니라 다양한 정보가 기호로 표현되어 있어요. 김정호는 지도를 **목판**에 새겨 똑같은 지도를 여러 장 만들어 많은 사람이 이용할 수 있도록 했어요. 대동여지도는 모두 22권으로, 책을 펼쳐 이어 붙이면 우리나라 전체 지도가 되었어요. 박지원의 『열하일기』와 김정호의 대동여지도는 실생활에 도움이 되는 학문을 중요하게 생각한 실학자들의 생각을 엿볼 수 있는 중요한 문화유산이랍니다.

- **실학자** 조선 시대에 실제 생활에 도움이 되는 학문을 연구한 학자들이에요.
- **문물** '문화의 산물'이라는 뜻으로, 종교, 예술, 법, 제도 같은 문화에 관한 모든 것을 가리켜요.
- **기행문** 여행하며 보고 듣고 느끼고 겪은 것을 쓴 글이에요.
- **목판** 나무에 글이나 그림을 새긴 인쇄용 판을 말해요.

오늘의 날짜   월   일

1
중심 낱말

이 글의 중심 낱말로 알맞지 않은 것은 무엇인가요?   (   )

① 청나라   ② 열하일기   ③ 대동여지도

2
중심 내용

1문단 , 2문단 의 중심 내용을 알맞게 줄로 이으세요.

1문단 •

• 박지원은『열하일기』에서 청나라에서 경험한 새로운 문물을 소개했어요.

2문단 •

• 김정호는 대동여지도를 목판에 새겨 똑같은 지도를 여러 장 만들 수 있도록 했어요.

3
내용 추론

박지원이『열하일기』를 쓴 까닭으로 알맞은 것은 무엇인가요?   (   )

① 조선에도 실용적인 학문이 필요하다는 것을 알리기 위해

② 가난한 백성들의 삶을 모른 체하는 양반들을 비판하기 위해

③ 청나라에 다녀온 뒤 기행문을 쓰라는 정조의 명령을 따르기 위해

4
내용 요약

이 글의 내용을 요약했어요. ㉠, ㉡에 들어갈 알맞은 낱말을 이 글에서 찾아 쓰세요.

실학자들이
남긴
문화유산

열하일기 ── 박지원이 쓴 기행문으로,
청나라에서 경험한 새로운 (㉠   )을/를 소개함.

대동여지도 ── 김정호가 만든 우리나라 지도로,
여러 장 만들 수 있게 지도를 (㉡   )에 새김.

㉠ _____   ㉡ _____

 오늘의 **한** 문장 정리

『열하일기』와 대동여지도를 통해 _____ 들의 생각을 엿볼 수 있어요.

지문분석 동영상강의

4일차
광고

실학자들이 만든 책과 지도

조선 최고의 화제작! 『열하일기』 새로운 문물에 눈뜨게 하다

⬥ 박지원과 『열하일기』

- 사방 수천 리밖에 되지 않는 좁은 땅덩어리에서 백성들의 살림살이가 이리도 가난한 이유는 무엇인가. 바로 수레가 다니지 않기 때문이다.

- 청나라에서는 집을 지을 때 벽돌을 사용한다. 벽돌은 불이 번질 염려도 없고 도둑이 뚫고 들어올 걱정도 없다.

– 박지원의 『열하일기』 중에서 –

초대형 지도의 탄생!
대동여지도를 향한 끝없는 호평이 쏟아지다

⬥ 김정호와 대동여지도

" 유명한 사람들의 잇따른 칭찬 "

10리마다 점을 찍어
거리를 알 수 있고,
성이나 창고 등은
기호로 나타냈다.

지리학자 이○○

조선 시대
한반도를 그린 지도 중
가장 정확하고 상세하다.

대학 교수 김○○

목판에 새겨
한 번에 여러 장을
찍어 낼 수 있다.

과학자 홍○○

손쉽게 접을 수 있어
간편하게 가지고 다닐 수 있다.

여행가 박○○

- 화제작 널리 이야깃거리가 될 만한 작품을 말해요.
- 호평 좋게 평가하는 것을 말해요.

1 이 광고에 나오는 『열하일기』를 지은 사람은 누구인가요?   (   )

① 김정호   ② 박제가   ③ 박지원

2 이 광고의 내용으로 맞으면 ○표, 틀리면 ×표 하세요.

(1) 대동여지도는 우리나라에서 만든 최초의 세계 지도예요.   (   )

(2) 『열하일기』에는 청나라에서 벽돌을 사용한다는 내용이 나와요.   (   )

3 이 광고에 나오는 지도에 대한 내용으로 알맞은 것은 무엇인가요?   (   )

① 목판에 새겨 한 번에 여러 장을 찍어 낼 수 있어요.

② 크기가 너무 크고 무거워서 가지고 다닐 수 없어요.

③ 길을 자세히 나타내고 있지만 거리는 알 수 없어요.

4 『열하일기』의 한 장면이에요. (   ) 안에 들어갈 알맞은 낱말을 이 광고에서 찾아 쓰세요.

우리 조선은 (   )이/가 다니지 않기 때문에 물건을 실어 나르기도 힘들고 **교역**을 하기도 힘든 거야!

• 교역 물건을 사고팔고 하여 서로 바꾸는 것을 말해요.

5일차 글

자문분석 동영상강의

우리나라의 문화유산이 왜 프랑스에 있게 된 것일까요?

국립 중앙 박물관
• 위치: 서울특별시 용산구
• 특징: 프랑스에서 빌려 온 외규장각 『의궤』를 볼 수 있음.

📍 **외규장각 『의궤』**

국가나 왕실의 의식 및 행사를 글과 그림으로 기록해 놓은 책으로, 조선 시대 기록 문화의 꽃으로 불려요.

📍 **외규장각**

왕실의 책을 보관하기 위해 정조가 강화도에 설치한 도서관이에요. 병인양요 때 이곳에 보관되어 있던 300여 권의 책을 프랑스군이 빼앗아 갔어요.

1 문단 서울에 있는 국립 중앙 박물관에 가면 프랑스에서 빌려 온 외규장각 『의궤』가 전시되어 있어요. 우리나라 문화유산인데 왜 프랑스에서 빌려 와야 했을까요? 조선 말 어린 고종을 대신해 나라를 다스리던 흥선 대원군은 천주교를 나쁜 종교라고 하며 믿지 못하게 금지시키고, 조선인 천주교도들과 프랑스 선교사들을 **처형했어요**. 이를 구실로 1866년 프랑스 군대가 강화도에 침입했고, 조선 군대는 프랑스 군대에 맞서 싸웠어요(**병인양요**). 이때 프랑스 군대가 물러가면서 강화도 외규장각을 불태우고 그곳에 보관되어 있던 『의궤』를 비롯한 많은 책을 약탈해 갔답니다.

2 문단 『의궤』는 조선 시대 왕실의 결혼이나 국가의 중요한 행사, 건물의 공사 과정 등을 후손들이 참고할 수 있도록 글과 그림으로 기록해 놓은 책이에요. 오랜 시간이 흘러도 『의궤』를 보면 당시 사용되었던 물건이나 왕실의 행사 모습을 생생하게 알 수 있어요. 오늘날 경복궁, 종묘, 박물관 같은 곳에서 조선 시대 왕의 **즉위식**이나 결혼식을 **재현한** 행사를 볼 수 있는 것도 모두 『의궤』 덕분이지요.

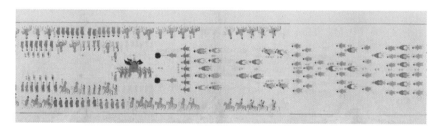

🔺 **영조 정순 왕후 가례도감의궤(1759년)**

• **처형하다** 죄를 지은 사람을 형벌에 처하거나 사형을 시키는 것을 말해요.
• **병인양요** 병인년(1866년)에 서양 세력인 프랑스 군대가 강화도를 침범한 사건이에요.
• **즉위식** 왕의 자리에 오르는 것을 백성과 조상에게 알리기 위하여 치르는 의식이에요.
• **재현하다** 전에 있었던 일이나 상황을 그대로 다시 나타내는 것을 말해요.

오늘의 날짜   월   일

1 이 글의 중심 낱말로 알맞은 것은 무엇인가요?   (   )

중심 낱말

① 의궤   ② 대장경   ③ 훈민정음

2 1문단 , 2문단 의 중심 내용을 알맞게 줄로 이으세요.

중심 내용

1문단 ·   · 병인양요 때 프랑스 군대가 물러가면서
                                      외규장각 『의궤』를 약탈해 갔어요.

2문단 ·   · 외규장각 『의궤』를 보면 조선 시대
                                      왕실의 행사 모습을 알 수 있어요.

3 다음 빈칸에 들어갈 알맞은 낱말을 이 글에서 찾아 쓰세요.

어휘 표현

    홍선 대원군이 천주교를 금지시키고 프랑스 선교사들을 처형한 일을 구실로 프
    랑스 군대가 강화도에 침입한 사건을 _____ (이)라고 해요.

4 이 글의 내용으로 알맞은 것은 무엇인가요?   (   )

세부 내용

① 『의궤』는 왕만 볼 수 있는 비밀스러운 책이었어요.

② 『의궤』는 고려 시대부터 왕실에 전해 내려온 귀중한 상자예요.

③ 『의궤』가 있으면 옛날에 썼던 물건도 생생하게 다시 만들 수 있어요.

😊 오늘의 **한** 문장 정리

_____ 는 병인양요 때 프랑스 군대가 빼앗아 간 우리 문화유산이에요.

5일차 뉴스

지문분석 동영상강의

145년 만에 돌아온 외규장각 의궤

❶ 병인양요 때 프랑스에 빼앗겼던 외규장각 『의궤』 297권이 145년 만에 우리의 품으로 돌아왔습니다.

〈NEWS〉

❷ 정말 가슴이 벅찹니다. 외규장각 『의궤』는 프랑스 국립 도서관 창고에 **방치되어** 있었어요. 이것을 **박병선** 박사가 발견해 세상에 알렸습니다.

❸ 완전히 돌려준 것이 아니라, 빌려주는 형식이라고 하던데요?

네, 프랑스와 5년마다 다시 『의궤』를 빌린다는 조건이 담긴 계약을 맺어야 합니다.

❹ 완전한 **반환**을 위해 앞으로 어떤 노력이 필요할까요?

프랑스와 5년마다 다시 계약해야…….

『의궤』가 완전히 반환되기 위한 **정책**을 만들고, 외국에 빼앗긴 우리 문화재에 대한 조사와 연구를 진행하면서 국민들이 계속해서 관심을 가질 수 있도록 노력해야 합니다.

❺ 이제 곧 국립 중앙 박물관에서 외규장각 『의궤』 특별 전시회가 열린다고 합니다. 『의궤』의 모습을 직접 눈으로 보면서 우리 문화재를 사랑하는 마음을 키워 보는 것도 좋겠습니다.

• **방치되다** 내버려 두어진 것을 말해요.
• **박병선** 프랑스 국립 도서관에서 외규장각 『의궤』와 『직지심체요절』을 발견하고, 그 존재를 세상에 알린 역사학자예요.
• **반환** 빌리거나 빼앗아 간 것을 돌려주는 것이에요.
• **정책** 정치적 목적을 이루기 위한 방책을 말해요.

1주

1 이 뉴스에 나오는 문화유산을 약탈해 간 나라는 어느 나라인가요?   (   )

① 미국   ② 일본   ③ 프랑스

2 이 뉴스의 내용으로 맞으면 ○표, 틀리면 ×표 하세요.

(1) 우리나라는 프랑스로부터 외규장각 『의궤』를 돌려받았어요.   (   )

(2) 프랑스에서 외규장각 『의궤』를 발견한 사람은 박병선 박사예요.   (   )

3 다음 질문에 대한 대답으로 알맞지 <u>않은</u> 것을 찾아 ○표 하세요.

> 외규장각 『의궤』의 완전한 반환을 위해서 우리는 어떤 노력을 해야 할까요?

| 무작정 손꼽아 기다리기 | 『의궤』 반환 정책 만들기 | 빼앗긴 우리 문화재에 관심 갖기 |

4 이 뉴스를 바탕으로 만든 포스터의 제목으로 알맞은 것은 무엇인가요? (   )

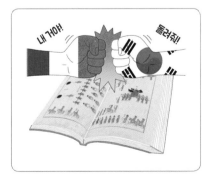

① 외규장각 『의궤』가 우리의 품으로 돌아오기를
② 프랑스와 한국의 문화 교류가 더 활발해지기를
③ 조선의 힘으로 서양 세력을 물리칠 수 있기를

1 밑줄 친 낱말의 뜻을 알맞게 줄로 이으세요.

소리꾼은 노래하고 고수는 북장단을 치며 <u>추임새</u>를 넣어요.	적의 침입을 막기 위해 도시나 마을 둘레에 쌓은 성
수원 화성은 <u>성곽</u> 건축의 꽃으로 불려요.	판소리에서 고수가 흥을 돋우기 위해 하는 말
탈춤은 양반에 대한 <u>풍자</u>를 담고 있어서 인기가 매우 많았어요.	옳지 못한 일을 다른 것에 빗대어 비웃으며 드러내는 것
박지원은 『열하일기』에서 청의 새로운 <u>문물</u>을 소개했어요.	제도나 기구를 새롭게 뜯어고치다.
정조는 수원 화성에 조선을 <u>개혁하려는</u> 꿈을 담았어요.	'산과 내'라는 뜻으로, 자연을 이르는 말
정선은 우리 <u>산천</u>의 아름다운 경치를 그림으로 그렸어요.	정치, 종교, 예술, 법, 제도 같은 문화에 관한 모든 것

2 밑줄 친 낱말과 뜻이 비슷한 낱말을 〈보기〉에서 찾아 빈칸에 쓰세요.

─────────〈 보기 〉─────────

겪다   관람객   꾸밈없다   막다   빼앗다

(1) 병인양요 때 프랑스 군대는 『의궤』를 <u>약탈해</u> 갔어요.   _____

　　　　　　　　　　폭력을 써서 남의 것을 억지로 빼앗다.

(2) 서민들은 자신의 생각이나 감정을 <u>솔직하게</u> 표현했어요.   _____

　　　　　　　　　　　　거짓이나 숨김이 없이 바르고 곧다.

(3) 수원 화성에는 적군을 잘 <u>방어하기</u> 위해 옹성을 쌓았어요.   _____

　　　　　　　　　　　상대편의 공격을 막다.

(4) <u>구경꾼</u>들도 추임새를 넣으며 판소리에 참여할 수 있어요.   _____

　　구경하는 사람

(5) 박지원은 청나라에서 <u>경험하고</u> 느낀 것을 책으로 썼어요.   _____

　　　　　　　　　　실제로 해 보거나 겪어 보다.

3 다음 문장의 밑줄 친 낱말을 바르게 고쳐 빈칸에 쓰세요.

(1) 외규장각 『의궤』가 완전히 <u>반한되지</u> 않고 있어요.   _____

(2) 광대들이 <u>익쌀스러운</u> 말이나 행동을 하며 연기를 해요.   _____

(3) 『춘향가』는 양반의 <u>횡포</u>를 고발하는 내용을 담고 있어요.   _____

(4) 수원 화성을 쌓을 때 정약용이 만든 <u>기증기</u>를 이용했어요.   _____

(5) 김정호는 지도를 목판에 <u>세겨</u> 여러 장 만들 수 있게 했어요.   _____

2주

1일

근대 학교

개항 이후 조선에는 육영 공원, 이화 학당 등 근대 학교가 세워졌어요.

2일

근대 신문

『독립신문』, 『대한매일신보』 등의 근대 신문은 자주독립을 강조했어요.

1876년	1886년	1894년	1896년
강화도 조약 체결	육영 공원 설립	동학 농민 운동 / 갑오개혁	독립신문 창간

연표를 따라가며 **2주차**에 만날 문화유산의 **이름과 특징**을 살펴보세요.

3일

환구단

고종이 황제의 자리에
오르면서 대한 제국 수립을
선포한 곳이에요.

4일

근대 문물

개항 이후 전기, 전차 등
근대 문물이 들어오면서
생활 모습이 달라졌어요.

5일

근대 서양식 건물

개항 이후 명동 성당,
석조전과 중명전 등 서양식
건물이 세워졌어요.

1897년
대한 제국 수립

1899년
경인선(서울-인천)
개통

1905년
을사늑약 체결

1910년
덕수궁 석조전 완공

1일차 글

★ ★ ★
개항 이후 학생들은 무엇을 배웠을까요?

배재 학당
- 위치: 서울특별시 중구
- 특징: 미국의 선교사 아펜젤러가 세운 근대식 사립 학교

1문단 개항 이후 조선에는 원산 학사와 육영 공원과 같은 학교가 세워졌어요. 원산 학사는 1883년 원산 지방의 관리와 마을 주민들이 힘을 합쳐 세운 학교로, 우리나라 최초의 **근대** 학교예요. 원산 학사는 민간에서 세운 학교인 반면, 육영 공원은 1886년 정부가 미국인 교사를 **초청하여** 세운 근대 학교예요. 이곳에서는 신분이 높은 양반의 자식들이나 젊은 관리들에게 주로 영어를 가르쳤어요.

2문단 이 무렵 우리나라에 들어온 서양의 **선교사**들은 기독교를 널리 전하기 위해 학교를 세웠어요. 대표적인 학교가 배재 학당과 이화 학당이에요. 배재 학당은 미국인 선교사 아펜젤러가 세운 근대 학교예요. 한문만 가르치던 조선의 전통적인 교육과 달리 다양한 과목을 가르쳤어요. 영어를 비롯해 서양의 역사, 지리, 과학, 미술 등도 배웠지요. 이화 학당은 여학생들을 교육하기 위해 세워진 근대 학교예요. 우리나라 최초의 여성 교육 기관인 이화 학당은 선교사인 스크랜턴이 세웠어요. 수업이 영어로 진행되었고 영어와 한문, 수학, 역사, 지리, 체조 등 여러 과목을 배웠어요. 그런데 당시 사람들은 여학생들이 다리를 들어 올리며 체조를 하는 것이 양반 **법도**에 어긋난다고 생각했어요. 이 때문에 부모들이 자기 딸을 집으로 데려가는 일이 생기기도 했어요.

🔺 이화 학당 초기 학생들

📍 **이화학당의 옛 모습**

미국의 선교사 스크랜턴이 세운 우리나라 최초의 여성 교육 기관이에요.

- **근대** 1876년의 개항 이후부터 1945년 광복까지의 시기를 말해요.
- **초청하다** 사람을 부르거나 초대하는 것을 말해요.
- **선교사** 기독교를 널리 퍼뜨리기 위해 외국에 가서 활동하는 사람을 말해요.
- **법도** 생활에서 지켜야 할 예절과 제도를 말해요.

오늘의 날짜   월   일

1 이 글의 중심 낱말로 알맞은 것은 무엇인가요?   (   )

중심 낱말

① 공원   ② 궁궐   ③ 학교

2 1문단, 2문단 의 중심 내용을 알맞게 줄로 이으세요.

중심 내용

1문단 •

• 개항 이후 원산 학사와 육영 공원과
    같은 근대 학교가 세워졌어요.

2문단 •

• 서양의 선교사들은 배재 학당,
    이화 학당과 같은 근대 학교를 세웠어요.

3 다음 (   ) 안에 들어갈 알맞은 말을 골라 ○표 하세요.

세부 내용

(육영 공원 , 원산 학사)은/는 정부가 미국인 교사를 초청하여 세운 학교예요.

4 2문단 의 내용을 요약했어요. (   ) 안에 들어갈 알맞은 말을 이 글에서 찾아 쓰세요.

내용 요약

배재 학당   (   )

• 아펜젤러가 세운 학교
• 영어와 서양 역사, 지리 등을
  가르침.

근대 학교

• 스크랜턴이 세운 학교
• 우리나라 최초의 여성 교육
  기관

오늘의 **한** 문장 정리

개항 이후 근대 ＿＿＿＿＿＿＿ 에서는 영어와 서양의 역사 같은 과목을 배웠어요.

역사 탐구반 근대 학교 답사

1

한국사를 사랑하는 내 친구

정민
아, 심심하다. 넌 지금 뭐 하니?

세영
역사 탐구반 친구들과 서울 정동으로 **답사** 왔어.

짜잔!

정민
오, 어떤 건물이야? 외국 같네.

세영
배재 학당 건물이야. 배재 학당은 1885년에 미국인 선교사 아펜젤러가 정동에 세운 근대 학교야.

정민
근대 학교?

세영
개항 이후 서양의 학문과 기술을 가르치기 위해 조선에 세워진 서양식 학교를 근대 학교라고 해.

정민
근대 학교에서는 무슨 과목을 배웠는데?

2

한국사를 사랑하는 내 친구

세영
영어를 비롯해 서양의 역사, 지리, 과학, 미술, 체조 등도 배웠다고 들었어.

정민
오늘은 배재 학당만 가는 거야?

세영
아니, 이따가 1886년 선교사 스크랜턴이 세운 이화 학당에도 간대.

정민
이화 학당? 그건 나도 들어 본 적 있어. 여학생 교육을 위해 세워진 최초의 근대 학교라지?

세영
퀴즈!
원산 학사는 어떤 학교인지 알아?

정민
헉! 그건 잘……

세영
원산 학사는 1883년 원산 지역 사람들이 힘을 모아 세운 우리나라 최초의 근대식 사립 학교야.

정민
원산은 지금 북한에 있잖아? 통일되면 꼭 같이 가 보자.

• **답사** 현장에 가서 직접 보고 조사하는 것을 말해요.

1 이 대화에 나오는 학교의 이름은 무엇인가요?   (   )

① 육영 공원   ② 배재 학당   ③ 오산 학교

2 이 대화의 내용으로 맞으면 ○표, 틀리면 ×표 하세요.

⑴ 배재 학당은 1885년 미국인 선교사 아펜젤러가 세웠어요.   (   )

⑵ 이화 학당은 여학생들을 교육하기 위해 세워진 근대 학교예요.   (   )

3 이 대화에 나오는 두 학교의 공통점은 무엇인가요?   (   )

△ 배재 학당   △ 이화 학당

① 외국인 선교사가 세운 서양식 학교예요.

② 주로 양반의 자식들을 교육하기 위하여 세웠어요.

③ 영어를 가르치기 위해 조선 정부가 세운 교육 기관이에요.

4 다음 빈칸에 들어갈 알맞은 말을 이 대화에서 찾아 쓰세요.

> _____ 은/는 우리나라 최초의 근대식 사립 학교로, 원산 지역의
>
> 관리와 주민들이 힘을 모아 세웠어요.

2일차 글

지문분석 동영상강의

우리나라를 지키기 위해 신문은 어떤 역할을 했을까요?

독립문
• 위치: 서울특별시 서대문구
• 특징: 『독립신문』을 펴낸 독립 협회가 우리 민족의 자주독립 의식을 높이기 위해 세웠음.

1 문단 여러 나라가 조선을 괴롭히고 있을 때 정부는 조선이 자주국임을 알리고, 백성들의 힘을 합칠 필요를 느꼈어요. 이에 서재필은 조선 정부의 지원을 받아 1896년에 우리나라 최초의 민간 신문인 『독립신문』을 **창간했답니다.** 『독립신문』은 나라 안팎의 소식을 한글로 실어 누구나 쉽게 나랏일을 알도록 하였고, **자주독립**을 강조했어요. 『독립신문』은 정부의 지원을 받았기 때문에 처음에는 정부가 하는 일을 널리 알리는 내용을 실었지만, 나중에는 정부와 관리들의 잘못을 비판하는 내용을 실었답니다.

2 문단 1904년에 창간한 『대한매일신보』는 양기탁이 영국인 기자 베델과 함께 만든 신문이에요. 『대한매일신보』는 외국 사람인 베델이 사장이었기 때문에 일제의 **검열**을 받지 않을 수 있었어요. 그래서 박은식, 신채호 같은 역사학자들이 일제의 침략을 비판하는 내용을 쓴 글을 자유롭게 실어 사람들에게 높은 지지를 받았어요. 또 1907년 일본에 진 나랏빚을 갚기 위한 운동인 국채 보상 운동이 일어나자 모금 운동에 앞장서기도 했어요. 『대한매일신보』는 1910년 일제에 나라를 빼앗기면서 신문사가 일본에 넘어갈 때까지 조선의 자주독립과 민족의식을 일깨우기 위한 교육 활동과 일본의 침략에 맞서 싸우는 **항일** 운동을 계속했답니다.

◎ 『독립신문』

◎ 『대한매일신보』

◎ 베델(왼쪽)과 양기탁(오른쪽)

• **창간하다** 정기적으로 발행되는 신문, 잡지의 첫 번째 호를 펴내는 것을 뜻해요.
• **자주독립** 다른 나라의 간섭을 받지 않고 자기 나라의 일을 스스로 처리하는 것을 말해요.
• **검열** 신문이나 책이 세상에 나오기 전에 내용을 미리 심사하여 발표를 통제하는 것을 말해요.
• **항일** 일본의 제국주의에 맞서 싸우는 것을 말해요.

1 중심 낱말

이 글의 중심 낱말로 알맞지 <u>않은</u> 것은 무엇인가요?　　　　　(　　　　)

① 독립신문　　　　　　② 한성순보　　　　　　③ 대한매일신보

2 중심 내용

1문단 , 2문단 의 중심 내용을 알맞게 줄로 이으세요.

1문단 ·

2문단 ·

· 우리나라 최초의 민간 신문인 『독립신문』은 자주독립을 강조했어요.

· 『대한매일신보』는 조선의 자주독립과 민족의식을 일깨우기 위한 활동을 했어요.

3 내용 추론

양기탁이 영국인 기자 베델과 함께 신문을 만든 까닭은 무엇인가요?　　(　　　　)

① 영국인 기자이지만 우리말 실력이 매우 뛰어났기 때문에

② 일제에 검열받는 것을 피하고 글을 자유롭게 실으려고 했기 때문에

③ 영국인들의 돈을 모아 일본에 진 나랏빚을 갚아 준다고 했기 때문에

4 내용 요약

이 글의 내용을 요약했어요. ㉠, ㉡에 들어갈 알맞은 낱말을 이 글에서 찾아 쓰세요.

『독립신문』은 (　　㉠　　)로 실어 누구나 쉽게 나랏일을 알 수 있도록 했고, 『대한매일신보』는 일본의 침략에 맞서 싸우는 (　　㉡　　) 운동을 했어요.

㉠ _____　　　　㉡ _____

🪣 오늘의 한 문장 정리

『독립신문』과 『대한매일신보』는 자주독립과 _____ 의식을 일깨웠어요.

2일차
신문기사

독립신문, 민족의식을 깨우다

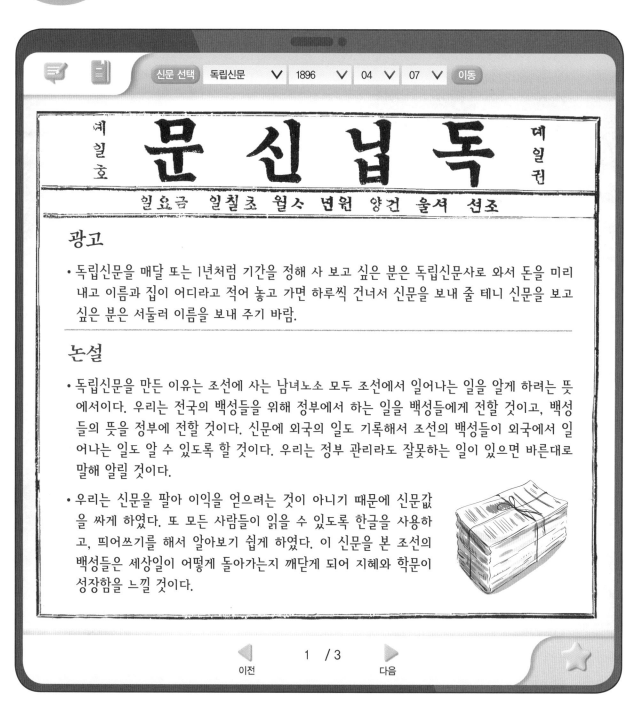

신문 선택 독립신문 ∨ 1896 ∨ 04 ∨ 07 ∨ 이동

독립신문

금요일 초칠일 사월 년원 건양 셔울 조선

광고

• 독립신문을 매달 또는 1년처럼 기간을 정해 사 보고 싶은 분은 독립신문사로 와서 돈을 미리 내고 이름과 집이 어디라고 적어 놓고 가면 하루씩 건너서 신문을 보내 줄 테니 신문을 보고 싶은 분은 서둘러 이름을 보내 주기 바람.

논설

• 독립신문을 만든 이유는 조선에 사는 남녀노소 모두 조선에서 일어나는 일을 알게 하려는 뜻에서이다. 우리는 전국의 백성들을 위해 정부에서 하는 일을 백성들에게 전할 것이고, 백성들의 뜻을 정부에 전할 것이다. 신문에 외국의 일도 기록해서 조선의 백성들이 외국에서 일어나는 일도 알 수 있도록 할 것이다. 우리는 정부 관리라도 잘못하는 일이 있으면 바른대로 말해 알릴 것이다.

• 우리는 신문을 팔아 이익을 얻으려는 것이 아니기 때문에 신문값을 싸게 하였다. 또 모든 사람들이 읽을 수 있도록 한글을 사용하고, 띄어쓰기를 해서 알아보기 쉽게 하였다. 이 신문을 본 조선의 백성들은 세상일이 어떻게 돌아가는지 깨닫게 되어 지혜와 학문이 성장함을 느낄 것이다.

◀ 이전   1 / 3   ▶ 다음

• 논설 어떤 주제에 관하여 자기의 생각이나 주장을 짜임새 있게 밝혀 쓴 글을 가리켜요.
• 남녀노소 남자와 여자, 늙은이와 젊은이란 뜻으로, 모든 사람을 이르는 말이에요.

오늘의날짜   월   일

1 이 신문에 실린 기사의 종류로 알맞지 <u>않은</u> 것은 무엇인가요? ( )

① 광고   ② 논설   ③ 인터뷰

2 이 신문의 내용으로 맞으면 ○표, 틀리면 ×표 하세요.

⑴ 『독립신문』을 보면 외국에서 일어나는 일도 알 수 있어요. ( )

⑵ 『독립신문』은 일주일에 한 번씩 새로운 신문을 볼 수 있어요. ( )

3 이 신문을 만든 까닭으로 알맞은 것은 무엇인가요? ( )

① 신문에 광고를 실어 이익을 크게 남기려고

② 신문을 한글로 만들어 사람들에게 글을 가르치려고

③ 조선의 백성들이 조선에서 일어나는 일을 알게 하려고

4 이 신문을 읽은 사람의 반응이에요. ( ) 안에 들어갈 알맞은 말을 찾아 ○표 하세요.

『독립신문』을 읽으니
( )

나보다 더 어려운 사람을 도와야겠어.

세상일이 어떻게 돌아가는지 알겠어.

신문값이 비싸서 살림이 어려워졌어.

3일차
글

지문분석 동영상강의

고종이 황제에 오른 장소는 어디일까요?

환구단 터
- 위치: 서울특별시 중구
- 특징: 일제에 의해 환구단은 없어지고, 황궁우 등 일부 건물만 남아 있음.

1 문단 1895년 일본에 의해 명성 황후가 죽임을 당하자(을미사변) 고종은 자신도 그렇게 될 것 같아 두려웠어요. 일본의 위협을 느낀 고종은 러시아 **공사관**으로 몸을 피했어요. 약 1년의 시간이 흐른 뒤 고종은 백성들의 요구에 따라 경운궁(오늘날 덕수궁)으로 돌아왔어요. 이후 고종은 환구단에서 황제의 자리에 올랐고, 나라 이름을 '조선'에서 '대한 제국'으로 바꾸었어요. 고종은 조선을 다른 나라의 눈치를 보지 않는 강한 나라로 만들고자 했기 때문에 환구단에서 나라의 새 이름으로 대한 제국을 **선포한** 것이랍니다.

2 문단 환구단은 황제가 하늘에 제사를 지내고자 둥글게 쌓은 **제단**을 말해요. 우리 민족은 아주 먼 옛날부터 하늘에 제사를 지내 왔어요. 삼국 시대에는 농사가 잘되기를 바라거나 가뭄에 비를 내리게 해 달라는 뜻에서 하늘에 제사를 지내기도 했지요. 그러나 조선 시대에 들어와서는 오직 중국 황제만이 하늘에 제사를 지낼 수 있다고 하여 더 이상 제사를 지내지 않게 되었어요. 그러다 고종이 환구단을 지어 황제의 자리에 **즉위하면서** 다시 하늘에 제사를 지내게 된 것이에요. 시간이 흐른 뒤 일제는 우리나라를 강제로 빼앗으면서 환구단을 무너뜨리고 환구단이 있던 자리에 호텔을 지어 우리 민족의 자부심을 짓밟았답니다.

🔺 **고종** 황제의 자리에 오른 이후 용무늬를 수놓은 황색 옷을 입었어요.

📍 **환구단**

고종은 환구단에서 황제의 자리에 오르고, 나라 이름을 '대한 제국'으로 바꾸면서 여러 나라의 간섭에서 벗어난 자주 독립 국가임을 널리 알렸어요.

- 공사관 다른 나라에서 온 외교관이 일을 하는 곳이에요.
- 선포하다 세상에 널리 알리는 것을 말해요.
- 제단 제사를 지내는 단을 말해요.
- 즉위하다 왕이나 황제의 자리에 오르는 것을 말해요.

1 이 글의 중심 낱말로 알맞은 것은 무엇인가요?   (   )

중심 낱말

① 경운궁   ② 공사관   ③ 환구단

2 1문단 , 2문단 의 중심 내용을 알맞게 줄로 이으세요.

중심 내용

[1문단] ·

[2문단] ·

· 고종은 환구단을 지어 다시
하늘에 제사를 지냈어요.

· 고종은 환구단에서 황제의 자리에 올랐고
나라 이름을 '대한 제국'으로 바꾸었어요.

3 다음 빈칸에 들어갈 알맞은 낱말을 이 글에서 찾아 쓰세요.

어휘 표현

환구단은 황제가 하늘에 제사를 지내고자 쌓은 _____ 을/를 말해요.

4 이 글의 내용으로 알맞지 <u>않은</u> 것은 무엇인가요?   (   )

세부 내용

① 삼국 시대에는 하늘에 제사를 지내기도 했어요.

② 일제는 환구단을 없애고 그 자리에 호텔을 지었어요.

③ 고종은 나라 이름을 '대한 제국'에서 '조선'으로 바꾸었어요.

😊 오늘의 **한** 문장 정리

고종은 _____ 에서 황제의 자리에 오른 후 대한 제국을 선포했어요.

3일차
스토리 보드

지문분석 동영상강의

황제가 다스리는 나라, 대한 제국

장면	상황과 대사	시간
1	**1897년 10월 11일, 궁궐 안** **고종이 신하들과 나랏일을 의논한다.** 고종　지금 나라 이름을 '(　　ㄱ　　)'이라고 정하려고 한다. 신하1　(머리를 숙이며) 전하의 뜻이 매우 마땅합니다. 신하2　나라가 안정될 좋은 이름입니다.	3분
2	**1897년 10월 12일, 환구단** **황제가 탄 수레가 군사들의 호위를 받으며 환구단으로 들어온다. 수레 앞에 태극 모양의 국기가 먼저 보인다. 고종이 황룡포를 입고 면류관을 쓰고 금빛으로 칠한 수레를 타고 온다.**	1분
3	**1897년 10월 12일, 환구단** **고종이 환구단에 올라 하늘에 제사를 지낸다.** 고종　(절하면서) 짐은 오늘부터 황제임을 하늘에 **고합니다.** 신하　어서 황제의 자리에 오르소서.	2분
4	**1897년 10월 12일, 환구단** **고종이 금으로 장식한 의자에 나아가 앉는다.** 고종　(큰 소리로 힘차게) 짐이 덕이 없다 보니 어려운 시기를 만났으나 하늘이 돌보아 주신 덕분에 나라가 안정되었다. 이에 나라 이름을 '대한'으로 정하노라. 신하들　(한목소리로) 대황제 폐하 만세! 만세! 만세!	4분

- **황룡포** 누런색 비단으로 만든 황제의 옷으로, 용무늬가 수놓아져 있어요.
- **면류관** 왕이 쓰던 관으로, 긴 사각형의 판에 구슬을 늘어뜨린 모양이에요. 제사를 지내거나 즉위식에서 주로 썼어요.
- **고하다** 중요한 일을 공식적으로 발표해 알리는 것을 말해요.

오늘의날짜   월   일

1 이 스토리보드에 나오지 <u>않는</u> 사람은 누구인가요?   (   )

① 고종   ② 신하   ③ 명성 황후

2 이 스토리보드의 내용으로 맞으면 ○표, 틀리면 ×표 하세요.

⑴ 고종은 붉은색 수레를 타고 환구단으로 들어왔어요.   (   )

⑵ 고종은 환구단에 제사를 지내며 '조선의 왕'임을 고했어요.   (   )

⑶ 고종은 나라 이름을 '대한'으로 정한다고 큰 소리로 알렸어요.   (   )

3 다음 (   ) 안에 들어갈 알맞은 낱말을 이 스토리보드에서 찾아 쓰세요.

황색 옷은 중국의 황제만 입을 수 있었기 때문에
조선의 왕은 입을 수 없었어요. 하지만 고종은
(   )을/를 입고, 금빛으로 칠한
수레를 타고 와서 환구단에 올랐어요.

4 이 스토리보드 장면 1 의 ㉠에 들어갈 알맞은 낱말을 찾아 ○표 하세요.

| 남한 | 대한 | 삼한 |

4일차 / 글

지문분석 동영상강의

개항 이후 변화된 생활 모습은 어땠을까요?

서울 역사 박물관
• 위치: 서울특별시 종로구
• 특징: 야외 전시장에는 예전에 서울 시내를 달렸던 전차가 전시되어 있음.

1문단 우리나라에서 전깃불이 처음 켜진 곳은 경복궁이에요. 어두컴컴한 밤을 대낮같이 환하게 밝힌 전등을 본 사람들은 감탄했지요. 이어서 종로 거리에도 가로등이 세워지면서 도시에서는 밤에도 활동하는 사람이 많아졌어요. 또 **전신**과 전화가 설치되어 사람들은 편지보다 훨씬 빠르게 소식을 주고받을 수 있게 되었어요. 조선의 관리들은 전화가 편지를 대신하는 것을 보고 마냥 신기해했어요. 어떤 사람들은 수화기 안에 진짜 사람이 들어가 있는 줄 알았다고 해요.

2문단 한편, 1899년 서울 서대문과 청량리 사이에 우리나라 최초의 전차가 설치되었어요. 이어서 서울 노량진과 인천 제물포를 잇는 경인선 철도가 개통되었어요. 기차가 다니는 길인 철도는 일제가 대륙으로 진출하기 위한 군사적 목적으로 설치한 것이었는데, 일제는 철도를 설치하는 과정에서 엄청난 토지를 약탈하고, 우리 농민들을 강제로 동원했어요. 이 때문에 사람들은 철도에 대해 **반감**을 가지기도 했어요. 하지만 서울과 인천 사이를 2시간 만에 갈 수 있는 편리함 때문에 기차는 생활에서 꼭 필요한 교통수단이 되었지요.

○ 경복궁에 설치된 전등

3문단 이처럼 개항 이후 조선에 근대 문물이 들어오면서 사람들의 일상생활에 많은 변화가 생겼어요. **황실**에서는 서양식 **연회**가 자주 열리면서 커피나 케이크 같은 음식이 유행했어요. 거리에는 벽돌을 쌓아 만든 서양식 건축물이 들어섰고, 양복을 입은 사람들도 점차 늘어나게 되었지요.

○ 대한 제국 시기 전차

• 전신 길거나 짧은 전기 신호를 통해 소식을 주고받는 장치를 말해요.
• 반감 반대하거나 반항하는 감정을 말해요
• 황실 황제가 사는 곳이나 황제의 집안을 말해요.
• 연회 여러 사람이 모여 베푸는 잔치를 말해요.

오늘의 날짜   월   일

1
중심 낱말

1 문단 의 중심 낱말로 알맞지 <u>않은</u> 것은 무엇인가요?   (   )

① 전화   ② 전신   ③ 전차

2
중심 내용

1 문단 , 2 문단 , 3 문단 의 중심 내용을 알맞게 줄로 이으세요.

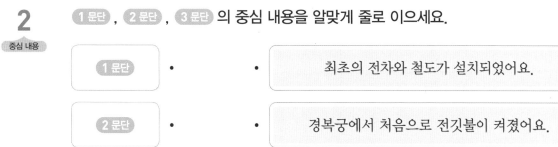

1 문단   •   •   최초의 전차와 철도가 설치되었어요.

2 문단   •   •   경복궁에서 처음으로 전깃불이 켜졌어요.

3 문단   •   •   근대 문물이 들어와 생활 모습이 바뀌었어요.

3
세부 내용

다음 (   ) 안에 들어갈 알맞은 낱말을 골라 ○표 하세요.

서울 노량진과 인천 제물포를 잇는 (**경인선** , **경부선**) 철도가 개통되었어요.

4
내용 추론

일제가 우리나라에 철도를 설치한 까닭으로 알맞은 것은 무엇인가요?   (   )

① 우리나라 주요 도시를 발전시키려고
② 조선에 서양의 과학 기술을 전해 주려고
③ 일제가 대륙으로 진출하기 위한 군사적 목적을 이루려고

오늘의 **한** 문장 정리

개항 이후 전기 같은 근대 _____ 이 들어오면서 생활 모습이 달라졌어요.

4일차
SNS

전깃불도 보고 전차도 타고 왔어요

좋아요 202개

시간 여행자(Traveler) 경복궁에 전깃불이 처음 켜지던 그 순간을 평생 잊을 수 없을 것 같다. 서양인이 기계를 돌리자 **우렛소리**와 같은 시끄러운 소리가 나더니 전등이 켜졌고, 깜깜했던 밤이 순식간에 대낮처럼 환해졌다. 고종 임금님과 함께 구경하던 사람들 모두 "와!" 하는 탄성을 질렀다. 어떤 사람들은 어둠 속에서 깜빡거리는 전등불을 보며 **도깨비불** 같다고 부르며 **수군거렸다.**

#경복궁에 전깃불이 처음 켜진 날(상상화) #신기해

좋아요 88개

시간 여행자(Traveler) 내가 탄 우리나라 최초의 전차는 서대문에서 청량리까지 운행되었다. 큰형이 전차는 '전기의 힘으로 움직이는 수레'라고 해서 쪼끄마할 줄 알았는데 내가 생각했던 것보다 훨씬 커서 40명이나 탈 수 있었다. 전차는 정류장이 따로 없어 승객들이 요청하면 "끼익." 하는 소리를 내면서 어디서나 멈추었다. 이렇게 큰 쇳덩이가 저절로 움직이다니 정말 신기했다.

#드디어 나도 전차를 탔다 #재밌어

- 우렛소리 천둥이 칠 때 나는 소리를 말해요.
- 도깨비불 밤에 저절로 번쩍이는 푸른빛의 불꽃을 말해요.
- 수군거리다 남이 알아듣지 못하게 낮은 목소리로 자꾸 가만가만 이야기하는 것을 말해요.

오늘의 날짜   월   일

1 우리나라에서 전깃불이 처음 켜진 곳은 어디인가요?   (   )

① 경복궁   ② 경운궁   ③ 창경궁

2주

2 이 SNS의 내용으로 맞으면 ○표, 틀리면 ×표 하세요.

(1) 세종이 다스리던 때 조선에 처음으로 전깃불이 밝혀졌어요.   (   )

(2) 우리나라 최초의 전차는 서대문에서 청량리까지 운행되었어요.   (   )

3 다음 ㉠, ㉡에 들어갈 알맞은 낱말을 이 SNS에서 찾아 쓰세요.

> 최초의 전차는 (㉠   )이/가 없어서 승객이 요청하면 어디서나 멈추었고,
> 전깃불은 어둠 속에서 깜빡거렸기 때문에 (㉡   ) 같다고 불렀어요.

㉠ _____   ㉡ _____

4 사진전을 관람하러 왔어요. 이 어린이가 설명하는 근대 문물을 찾아 ○표 하세요.

⬥ 근대 문물 사진전

> 1899년 처음 개통된
> 교통수단으로, '전기의 힘으로
> 움직이는 수레'라는 뜻이에요.

전등	전차	철도

5일차 글

지문분석 동영상강의

개항 이후 도시에 세워진 서양식 건물은 무엇일까요?

명동 성당
• 위치: 서울특별시 중구 명동
• 특징: 우리나라 최대의 가톨릭교(천주교) 대성당으로, 대한 제국 시기(1898)에 완성됨.

덕수궁
• 위치: 서울특별시 중구 정동
• 특징: 조선 시대에 지어진 궁궐

📍 **덕수궁 석조전과 중명전**

🔺 석조전

🔺 중명전

1문단 명동 성당은 **개항** 이후 조선에 세워진 대표적인 서양식 건물이에요. 프랑스 사람인 코스트 신부가 설계해서 세워진 명동 성당은 천주교 성당으로 우리나라의 역사에서도 큰 의미가 있는 곳이에요. 명동 성당이 자리 잡은 곳은 조선 시대 천주교를 믿는 사람들이 자주 모였던 곳으로, 우리나라 최초의 신부인 김대건 신부가 활동한 곳이기도 해요. 기와집과 초가집만 보았던 당시 사람들에게 하늘을 찌를 듯이 높이 솟아 있는 명동 성당은 큰 구경거리였어요. 사람들은 하늘 높이 뾰족한 지붕이 있는 명동 성당의 모습을 보고 '뾰족집'이라고 부르기도 했어요.

2문단 한편, **덕수궁** 안에도 📍석조전과 중명전이라는 서양식 건물이 세워졌어요. 마치 그리스 **신전**처럼 생긴 석조전은 식당과 침실 등을 갖추고 있어 황실 가족들이 생활하는 장소인 동시에 나랏일을 살펴보는 장소이기도 했어요. 그리고 중명전은 황실과 관련된 도서를 보관하던 도서관이었어요. 1901년에 불에 타 없어진 이후 다시 세워진 건물이지요. 고종은 중명전에서 다른 나라에서 온 외국 사신을 만나기도 했어요. 중명전은 1905년에 일제가 대한 제국의 외교권을 강제로 빼앗아 간 조약인 **을사늑약**이 맺어진 슬픈 장소이기도 합니다.

• 개항 외국과 통상을 할 수 있게 항구를 개방하는 것을 말해요.
• 덕수궁 경운궁으로 불리다가 고종 황제의 퇴위 이후 덕수궁으로 이름을 고쳐 불렀어요.
• 신전 신을 모신 건물을 말해요.
• 을사늑약 을사년(1905년)에 일본이 대한 제국의 외교권을 빼앗으려고 강제로 맺었어요.

오늘의날짜   월   일

1

중심 내용

1 문단 , 2 문단 의 중심 내용을 알맞게 줄로 이으세요.

1 문단 •

2 문단 •

• 명동 성당은 조선에 세워진 대표적인 서양식 건물이에요.

• 덕수궁에는 서양식 건물인 석조전과 중명전이 세워졌어요.

2

세부 내용

다음 빈칸에 들어갈 알맞은 낱말을 이 글에서 찾아 쓰세요.

> 덕수궁 중명전은 1905년 일제가 대한 제국의 외교권을 강제로 빼앗아 간 조약인
> _____ 이/가 맺어진 장소예요.

3

내용 추론

명동성당이 '뾰족집'이라고 불린 까닭으로 알맞은 것은 무엇인가요?   (   )

① 코가 높은 외국인 신부가 설계했기 때문에
② 하늘을 높이 솟은 뾰족한 지붕이 있기 때문에
③ 황소의 뿔을 사용해 아름답게 장식했기 때문에

4

내용 요약

이 글의 내용을 요약했어요. (   ) 안에 들어갈 알맞은 낱말을 이 글에서 찾아 쓰세요.

명동 성당	서양식 건물	덕수궁 ( )
• 서울에 세워진 서양식 건물 • '뾰족집'이라고 불렸던 성당		• 궁궐에 지어진 서양식 건물 • 고종이 생활하는 장소인 동시에 나랏일을 살펴본 곳

🤖 오늘의 한 문장 정리

개항 이후 명동 성당과 덕수궁 석조전 같은 _____ 식 건물이 세워졌어요.

개항 이후 도시로 간 역사 탐험대

- 체결되다 계약이나 조약이 공식적으로 맺어지는 것을 말해요.
- 분하다 억울한 일을 당하여 화가 난 것을 말해요.
- 일제 군사력을 바탕으로 다른 나라나 민족을 침략하려는 일본을 이르던 말이에요.

오늘의날짜   월   일

1 이 웹툰에 나오는 문화유산으로 알맞은 것은 무엇인가요?   (   )

① 경복궁 근정전   ② 덕수궁 석조전   ③ 창덕궁 인정전

2주

2 이 웹툰의 내용으로 맞으면 ○표, 틀리면 ×표 하세요.

⑴ 조선의 궁궐 안에도 서양식 건물이 있었어요.   (   )

⑵ 역사 탐험대가 찾아간 시대는 개항 이전 조선 후기예요.   (   )

3 이 웹툰의 내용으로 알맞지 <u>않은</u> 것은 무엇인가요?   (   )

① 우리나라는 1945년 일제로부터 독립했어요.

② 일제는 우리나라에 강제로 을사늑약을 체결하게 했어요.

③ 고종 황제는 일본인들의 위협을 피하기 위해 석조전을 지었어요.

4 문화유산 카드를 만들었어요. 빈칸에 들어갈 알맞은 이름을 이 웹툰에서 찾아 쓰세요.

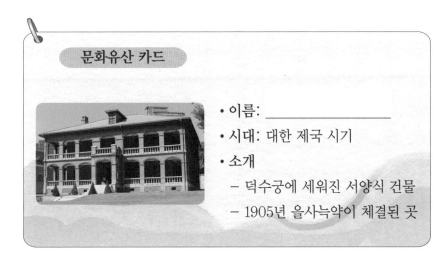

문화유산 카드

• 이름: _____

• 시대: 대한 제국 시기

• 소개
  – 덕수궁에 세워진 서양식 건물
  – 1905년 을사늑약이 체결된 곳

1 밑줄 친 낱말의 뜻을 알맞게 줄로 이으세요.

명동 성당은 **개항** 이후 조선에 세워진 서양식 건물이에요.	신문이나 책의 내용을 미리 심사하여 발표를 통제하는 것
고종은 일본의 위협을 느끼고 러시아 <u>공사관</u>으로 피했어요.	길거나 짧은 전기 신호를 통해 소식을 주고받는 장치
『대한매일신보』는 일제의 <u>검열</u>을 피할 수 있었어요.	기독교를 전파하기 위해 외국에 가서 활동하는 사람
<u>전신</u>과 전화가 설치되어 빠르게 소식을 주고받았어요.	외국과 통상을 할 수 있게 항구를 개방하는 것
서양의 <u>선교사</u>들은 기독교를 전하기 위해 학교를 세웠어요.	다른 나라에서 온 외교관이 일을 하는 곳
서재필은 조선 정부의 지원을 받아 『독립신문』을 <u>창간했어요</u>.	정기적으로 발행되는 신문, 잡지의 첫 번째 호를 펴내다.

2 밑줄 친 낱말과 뜻이 비슷한 낱말을 〈보기〉에서 찾아 빈칸에 쓰세요.

〈보기〉

| 가르치다 | 놓이다 | 맺다 | 바뀌다 | 오르다 |

2주

(1) 서울 서대문과 청량리를 오가는 전차가 <u>설치되었어요</u>. _____
기관이나 설비가 만들어지다.

(2) 덕수궁 중명전은 1905년 을사늑약이 <u>체결된</u> 곳이에요. _____
계약이나 조약을 공식적으로 맺다.

(3) 이화 학당은 여학생을 <u>교육하기</u> 위해 세워진 학교예요. _____
지식과 기술을 가르치며 인격을 길러 주다.

(4) 조선에 근대 문물이 들어오면서 생활 모습이 <u>변했어요</u>. _____
모양이나 상태가 바뀌어 달라지다.

(5) 고종은 스스로 황제로 <u>즉위하고</u> 대한 제국을 선포했어요. _____
왕의 자리에 오르다.

3 다음 (   ) 안에 들어갈 알맞은 낱말을 골라 ○표 하세요.

(1) 환구단은 하늘에 제사를 지내는 (**재단** , **제단**)을 말해요.

(2) 서울과 인천을 잇는 경인선 철도가 (**개통** , **계통**)되었어요.

(3) 일본의 침략에 맞서 싸우는 (**한일** , **항일**) 운동을 계속했어요.

(4) 일제는 철도를 설치하면서 우리 농민들을 강제로 (**동원** , **동언**)했어요.

(5) 전등을 처음 본 사람들은 도깨비불 같다고 (**수군거렸어요** , **수근거렸어요**).

방을 찾아 사다리 타기

🔖 밤이 깊었어요. 사다리를 타고 오르내리며 10층에 침대가 있는 방을 찾아가요.

기운이 샘솟는 체조

☘ 다음 동작을 순서대로 하나씩 천천히 따라해 보아요.

①

바닥에 앉은 후 두 손을 머리
뒤에 대고 깍지를 껴요.

②

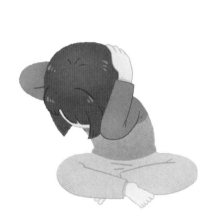

머리를 오른쪽으로 숙인 후
20초 동안 머물러요.

③

처음 자세로 돌아와 이번에는
왼쪽으로 숙인 후 20초 동안 머물러요.

④

처음 자세로 돌아와
마무리해요.

3 주

1일
서대문 형무소

일제가 독립운동가들을
잡아 가두고 고문을 하기
위해 만든 감옥이에요.

2일
조선어 학회

일제 강점기에 한글 연구 및
보급 등 우리말을 지키려고
노력한 단체예요.

1919년
3·1 운동 /
대한민국 임시 정부 수립

1923년
서대문 형무소로
명칭 변경

1933년
한글 맞춤법 통일안 제정

연표를 따라가며 **3주차**에 만날 문화유산의
이름과 특징을 살펴보세요.

3일

평화의 소녀상

일제의 침략 전쟁에 강제로
끌려간 여성들을 위해 세워진
동상이에요.

4일

휴전선과 판문점

판문점에서 6·25 전쟁의
정전 협정을 맺으면서
휴전선이 만들어졌어요.

5일

경제 개발과 새마을 운동

정부는 농촌 환경 개선과
경제 발전을 위해 새마을
운동을 주진했어요.

1945년
8·15 광복

1950년
6·25 전쟁
(~1953)

1953년
정전 협정
체결

1962년
경제 개발 5개년
계획(~1981)

1970년
새마을 운동 시작

1일차 글

지문분석 동영상강의

일제는 왜 감옥을 만들었을까요?

서대문 형무소 역사관
• 위치: 서울특별시 서대문구
• 특징: 일제가 만든 서대문 형무소의 역사와 관련된 다양한 자료를 볼 수 있음.

1 문단 우리 역사에서 가장 어둡고 힘들었던 시기는 언제였을까요? 바로 일제에 나라를 빼앗기고 지배를 받았던 시기예요. **일제 강점기**에 우리 민족은 나라를 되찾기 위한 독립운동을 펼쳤어요. 독립운동가들은 일제가 불법으로 나라를 빼앗은 사실을 전 세계에 알리고 우리 민족의 독립을 위해 목숨을 아끼지 않고 노력했답니다. 일제는 독립운동가를 잡아 가두기 위해 감옥을 만들었는데, 그곳이 바로 서대문 **형무소**예요.

2 문단 서대문 형무소는 일제 강점기에 문을 열어 1987년에 문을 닫을 때까지 오랫동안 감옥으로 사용되었어요. 일제는 많은 독립운동가를 잡아 서대문 형무소에 가두었는데, 1919년 3·1 운동 이후 독립운동을 하다 서대문 형무소에 갇힌 사람의 수가 3천 명이 넘었다고 해요. 3·1 운동을 계획한 민족 대표들도 이곳에 갇혔고, 만세 **시위**를 이끌었던 유관순도 이곳에 갇혀 있다가 죽음을 맞았어요. 서대문 형무소에서는 매일 끔찍한 고문이 이어졌고, 독립운동가들이 이곳에서 목숨을 잃었어요. 현재 서대문 형무소는 과거의 아픈 역사를 기억하고 **교훈**으로 삼기 위한 박물관으로 운영되고 있답니다.

◉ 서대문 형무소

서대문 형무소 역사관에는 유관순이 갇혔던 지하 여자 감옥, 윤봉길이 갇혔을 때 만들었다는 붉은 벽돌이 남아 있어요.

◎ 옛 서대문 형무소

• 일제 강점기 일제에 나라를 빼앗긴 1910년부터 광복을 맞이한 1945년까지의 시기를 말해요.
• 형무소 죄를 지은 사람을 가두어 두는 감옥으로, 예전에는 교도소를 형무소라고 했어요.
• 시위 많은 사람이 집회나 행진을 하며 의사를 표시하는 것을 말해요.
• 교훈 앞으로의 행동이나 생활에 도움이 될 만한 가르침을 말해요.

1

중심 내용

1문단 , 2문단 의 중심 내용을 알맞게 줄로 이으세요.

1문단 ·

2문단 ·

· 일제는 서대문 형무소라는
감옥을 만들었어요.

· 서대문 형무소에서 독립운동가들이
목숨을 잃었어요.

3주

2

세부 내용

이 글의 내용으로 알맞지 <u>않은</u> 것은 무엇인가요?   (   )

① 서대문 형무소는 오랫동안 감옥으로 사용되었어요.

② 서대문 형무소는 처음에는 박물관으로 운영되었어요.

③ 독립운동가들은 목숨을 아끼지 않고 독립운동을 펼쳤어요.

3

내용 추론

일제가 서대문 형무소를 만든 까닭으로 알맞은 것은 무엇인가요?   (   )

① 우리나라의 독립을 돕기 위해

② 독립운동가를 잡아 가두기 위해

③ 일본인 죄수를 바르게 이끌기 위해

4

어휘 표현

다음 빈칸에 들어갈 알맞은 말을 이 글에서 찾아 쓰세요.

1919년 _____ 이후 독립운동을 하다 서대문 형무소에 갇힌 사람
의 수가 3천 명이 넘었어요.

오늘의 한 문장 정리

독립운동가들은 일제가 만든 감옥인 _____ 에서 목숨을 잃었어요.

감옥에서도 만세를 부른 유관순

• 징역 죄인을 감옥에 가두어 노동을 시키는 형벌을 말해요.
• 선고하다 법정에서 재판장이 판결을 알리는 일을 말해요.
• 동포 같은 나라 또는 같은 민족의 사람을 다정하게 이르는 말이에요.
• 수감 사람을 감옥에 가두어 넣는 것을 말해요.

1 이 웹툰에 나오는 인물이 갇힌 감옥은 어디인가요?　　　　　(　　　　)

① 공주 형무소　　　　　② 서대문 형무소　　　　　③ 영등포 형무소

2 이 웹툰의 내용으로 맞으면 ○표, 틀리면 ×표 하세요.

⑴ 유관순은 감옥에 갇혀서도 '대한 독립 만세'를 외쳤어요.　　　(　　　　)

⑵ 유관순은 법정에서 일제는 재판할 권리가 없다고 주장했어요.　(　　　　)

3 유관순이 감옥에 갇힌 까닭으로 알맞은 것은 무엇인가요?　　　(　　　　)

① 만세 시위를 하다 잡혀 와서

② 천안 경찰서에 폭탄을 던져서

③ 아우내 장터에서 물건을 훔쳐서

4 다음 빈칸에 들어갈 알맞은 이름을 이 웹툰에서 찾아 쓰세요.

서대문 형무소 역사관에 가면 일제 강점기 이곳에 갇혀 있다가 죽은 학생 ＿＿＿＿＿＿＿＿ 의 수형 기록 카드를 볼 수 있어요.

• 수형 죄를 지어 형벌을 받았다는 뜻이에요.

2일차
글

지문분석 동영상강의

한글을 지키려고 어떤 노력을 했을까요?

조선어 학회 터
- 위치: 서울특별시 종로구
- 특징: 일제 강점기 우리말의 연구와 발전을 목적으로 한 조선어 학회가 있었던 곳

1 문단 일제는 우리나라를 빼앗은 후 우리글인 한글을 없애려고 했어요. 일제가 일본어 교육을 강화하고 한글을 사용하지 못하도록 하자, 국어학자들은 조선어 연구회를 만들어 한글을 연구하고 널리 알리기 위해 노력했어요. 조선어 연구회는 '가갸날'을 **제정하여** 세종이 훈민정음을 창제한 것을 기념했어요. '가갸날'이 바로 오늘날 '한글날'이랍니다. 또 전국을 돌아다니며 국어에 대한 강연을 하며 한글을 **수호하기** 위해 노력했어요.

2 문단 이후 조선어 연구회는 조선어 학회로 이름을 바꾸고 활동을 이어 나갔어요. 이윤재와 최현배를 중심으로 한 조선어 학회는 『한글』이라는 잡지를 다시 펴내어 한글의 중요성을 알리고, 강연회를 열어 한글 **보급**에 앞장섰지요. 이러한 노력에 힘입어 많은 사람이 한글을 접하게 되고, 한글 운동에도 참여했어요. 또 한글을 잃어버리지 않기 위해 우리말 『큰사전』이라는 국어사전을 만들려고 했어요. 일제는 이러한 조선어 학회의 활동을 매우 못마땅해했어요. 결국 일제는 조선어 학회를 독립운동 단체로 여기고 회원들을 감옥으로 끌고 가 고문을 했고, 조선어 학회를 강제로 **해산했어요**(조선어 학회 사건). 이 사건으로 일제에 원고를 빼앗겨 사전을 완성하지는 못했지만, 이는 목숨을 걸고 한글을 지키려는 빛나는 노력이었답니다.

△ 조선어 학회 회원들

📍『한글』

조선어 학회는 1927년 조선어 연구회가 처음 만들었던 잡지 『한글』을 다시 펴내어 한글의 연구와 보급에 힘썼어요.

- 제정하다 제도나 법률을 만들어서 정하는 것을 말해요.
- 수호하다 지키고 보호하는 것을 뜻해요.
- 보급 널리 미치게 해서 많은 사람이 골고루 누리게 하는 것을 말해요.
- 해산하다 조직이나 단체를 해체하여 없어지게 하는 것을 말해요.

오늘의 날짜   월   일

1
중심 낱말

이 글의 중심 낱말로 알맞은 것은 무엇인가요?   (   )

① 한글   ② 일본어   ③ 국어사전

2
중심 내용

1문단 , 2문단 의 중심 내용을 알맞게 줄로 이으세요.

3주

1문단 •

• 일제는 조선어 학회를 독립운동 단체로 여기고 강제로 해산했어요.

2문단 •

• 국어학자들은 조선어 연구회를 만들어 한글을 널리 알리기 위해 노력했어요.

3
어휘 표현

다음 빈칸에 들어갈 알맞은 말을 이 글에서 찾아 쓰세요.

'_____ 사건'은 일제가 조선어 학회를 독립운동 단체로 여기고 회원들을 감옥에 끌고 가 고문을 하고 조선어 학회를 강제로 해산한 사건이에요.

4
세부 내용

이 글의 내용으로 알맞은 것은 무엇인가요?   (   )

① 일제는 한글 교육을 강화했어요.
② 조선어 연구회는 '가갸날'을 제정했어요.
③ 조선어 학회는 우리말 『큰사전』을 완성했어요.

오늘의 **한** 문장 정리

일제 강점기에 조선어 학회는 _____ 을 보급하는 데 앞장섰어요.

2일차
영화

우리말을 지켜라, 말모이 작전

에듀윌영화 × +

https://eduwillmovie.com/Joseoneohakhoe

우리의 말과 글이 위험하다!

우리말 『큰사전』을 완성하기 위한 목숨을 건 말모이 대작전!
조선어 학회는 과연 우리말을 지켜 낼 수 있을까요?

줄거리

1930년대 말 일제는 우리말 사용을 금지했어요. 당시 우리말을 연구하던 조선어 학회 회원들은 일제에 의해 우리말이 사라질 것을 걱정하며 전국에서 사용되는 우리말을 모아 사전을 만들고 있었어요.

1942년 우리말 『큰사전』의 완성을 앞둔 어느 날, 일제는 조선어 학회를 독립운동 단체로 거짓으로 꾸미고 회원들을 모두 잡아갔어요. 그런데…….

등장인물

최현배, 이극로, 이윤재, 이희승

영화 주요 장면

장면 1 조선어 학회 회원들은 일제의 감시를 피해 전국에서 쓰고 있는 우리말을 모으는 '말모이 작전'을 펼쳤어요.

장면 2 일제는 조선어 학회 회원들을 끌고 가 모진 고문을 했고, 사전을 만들기 위해 써 놓은 원고를 빼앗아 갔어요.

장면 3 일제가 빼앗아 간 원고는 어디로 갔는지 알 수 없었는데, 1945년 광복 후 서울역 창고에서 찾았어요.

• 말모이 '우리말을 모은다'는 뜻으로, 국어학자 주시경이 편찬하려던 사전의 이름이기도 했어요.

오늘의날짜   월   일

1 이 영화에 나오는 단체의 이름은 무엇인가요?   (   )

① 진단 학회   ② 청구 학회   ③ 조선어 학회

2 이 영화의 내용으로 맞으면 ○표, 틀리면 ×표 하세요.

(1) 일제는 조선어 학회에 일본어를 연구하도록 시켰어요.   (   )

(2) 조선어 학회 회원들은 우리말 『큰사전』을 만들려고 했어요.   (   )

3 이 영화의 내용으로 알맞은 것은 무엇인가요?   (   )

① 일제는 우리말과 일본어를 동시에 사용하게 했어요.

② 조선어 학회는 전국에서 사용되는 우리말을 모았어요.

③ 조선어 학회 회원들은 비밀리에 만세 시위를 계획했어요.

4 이 영화의 장면 3 뒤에 이어질 내용으로 알맞은 것은 무엇인가요?   (   )

①

②

3일차

글

지문분석 동영상강의

★ ★ ★ 평화의 소녀상은 왜 만들어졌을까요?

일본 대사관 앞 수요 시위
· 위치: 서울특별시 종로구
· 특징: 1992년부터 매주 수요일마다 일본군 '위안부' 피해자 할머니들을 위한 시위가 열리고 있음.

1문단 1930년대 일제는 중국을 침략하는 등 곳곳으로 침략 전쟁을 확대했어요. 그러면서 일제는 우리 민족을 전쟁터에 강제로 **동원하고**, 공장이나 탄광으로 끌고 가서 노예처럼 일을 시켰어요. 특히 여성들은 일본군 '위안부'로 전쟁터에 끌려갔어요. 일본군 '위안부'는 일본군을 위해 전쟁터에 강제로 끌려가 성폭력과 인권 침해를 당한 여성을 말해요. 한국인을 비롯해 다른 나라의 여성 수십만 명이 일본군 '위안부'로 끌려가 모진 고통을 당했어요.

2문단 일본군 '위안부'는 일제가 침략 전쟁을 벌이면서 저지른 **추악하고** 잔혹한 범죄예요. 하지만 일본 정부는 지금까지도 일본군 '위안부'를 강제로 동원해 인권을 침해한 일을 인정하지 않고 제대로 된 사과를 하지 않고 있어요. 그래서 일본 정부의 공식적인 사과를 원하는 일본군 '위안부' 피해자 할머니들과 시민 단체가 오래전부터 매주 수요일마다 **주한** 일본 대사관 앞에서 시위를 하고 있어요. 1,000번째 수요 시위가 열리던 날, 시민 단체는 일본군 '위안부' 피해자 할머니들의 **명예**와 인권을 되찾기를 바라는 마음을 담은 평화의 소녀상을 만들어 국내외 곳곳에 세웠답니다.

소녀상 옆에 놓인 빈 의자는 먼저 돌아가신 일본군 '위안부' 할머니들을 위한 빈자리이자, 소녀상 옆에 앉아 가슴 아픈 역사를 공감할 수 있는 공간이에요.

꽉 다문 입에 주먹을 꼭 쥐고 앉아 있는 소녀는 일본 정부에 대한 분노와 굳은 의지를 담았어요.

◁ 평화의 소녀상

📍 일제의 침략 전쟁에 강제로 동원된 조선인 학생들

· **동원하다** 사람이나 물자를 한곳으로 모으는 것을 말해요.
· **추악하다** 더럽고 아주 나쁜 것을 말해요.
· **주한** 주로 외교에 관한 일을 하기 위해 한국에 와서 머무르는 것을 말해요.
· **명예** 세상에서 훌륭하다고 인정되는 이름이나 존엄한 품위를 말해요.

1 이 글의 중심 낱말로 알맞은 것은 무엇인가요?   (   )

중심 낱말

① 일본군   ② 위안부   ③ 전쟁터

2 1 문단 , 2 문단 의 중심 내용을 알맞게 줄로 이으세요.

중심 내용

1 문단 ·

· 한국인을 비롯한 많은 여성이 일본군 '위안부'로 끌려가 고통을 당했어요.

2 문단 ·

· 일본군 '위안부' 피해자의 명예를 되찾기 위해 평화의 소녀상을 만들었어요.

3 이 글의 내용으로 알맞은 것은 무엇인가요?   (   )

세부 내용

① 일본 정부는 일본군 '위안부'에 대해 공식적인 사과를 했어요.

② 일본군 '위안부'는 전쟁터에서 목숨을 잃은 학생 군인을 말해요.

③ 일본군 '위안부' 피해자들은 명예를 되찾기 위해 노력하고 있어요.

4 이 글의 내용을 요약했어요. 빈칸에 들어갈 알맞은 말을 이 글에서 찾아 쓰세요.

내용 요약

| 원인 | • 일본군 '위안부'로 전쟁터에 끌려간 여성들은 모진 고통을 당함.
• 일본 정부는 일본군 '위안부'에 대한 공식적인 사과를 하지 않음. |

↓

| 결과 | • 일본군 '위안부' 피해자와 시민 단체가 일본 대사관 앞에서 시위를 함.
• _____ 을/를 만들어 국내외 곳곳에 세웠음. |

😊 오늘의 한 문장 정리

많은 여성이 일본군 '_____'로 전쟁터에 끌려가 모진 고통을 당했어요.

3일차 인터뷰

일본군 '위안부' 피해자, 김 할머니의 소원

○○ 신문

1997년 11월 1일

김 할머니, 일본군 '위안부' 피해에 대해 최초로 증언해

이 기자 할머니의 용기 있는 증언 이후에 전 세계가 분노하고 있습니다. 어떤 마음으로 용기를 내셨나요?

김 할머니 16살 때 이유도 모른 채 일본군 '위안부'로 끌려갔어요. 나는 지옥보다도 더 끔찍했던 그때를 지금까지 단 하루도 잊지 못해요. 평생을 고통 속에 살고 있는 내가 이렇게 버젓이 살아 있는데, 일본 정부는 조금도 반성하지 않았어요. 지난해 뉴스에서 일본 정부가 "'위안부'를 강제로 끌고 가지 않았다."라고 거짓말을 하는 것을 보고 매우 화가 났고, 더 이상 침묵할 수 없었어요.

이 기자 일본의 도쿄 지방 재판소에 가서 일본군 '위안부' 사실에 대해 증언하셨는데요, 그때 어떤 생각을 하셨나요?

김 할머니 일제 강점기, 나라를 잃어 힘없고 어린 여성들이 일제의 **강압**에 못 이겨 당했던 그 잔혹했던 일을 역사에 반드시 남겨 두어야 한다고 결심했어요. 그때 내가 70살이었어요. 내 소원은 말이에요, 110살이든 120살까지든 기어코 살아서 반드시 **일왕**으로부터 진심이 담긴 공식적인 사과를 받고, 그 말을 내 귀로 직접 듣는 거예요.

- **증언** 증인으로서, 근거를 들어 어떤 사실을 진술하는 것을 말해요.
- **강압** 강한 힘이나 권력으로 강제로 억누르는 것을 말해요.
- **일왕** 일본의 왕을 일컫는 말이에요.

오늘의 날짜   월   일

1 이 인터뷰에 나오는 일본군 '위안부' 사건이 일어난 때는 언제인가요? (   )

① 고려 시대   ② 조선 시대   ③ 일제 강점기

2 이 인터뷰의 내용으로 맞으면 ○표, 틀리면 ×표 하세요.

⑴ 일본 정부는 일본군 '위안부'에 대해 반성하고 있어요.   (   )

⑵ 할머니는 일본 법정에 가서 일본군 '위안부' 사실을 증언했어요. (   )

3 이 인터뷰의 내용을 요약했어요. 빈칸에 들어갈 알맞은 낱말을 찾아 쓰세요.

> 일본군 '위안부' 피해 사실을 최초로 증언한 김 할머니는 '위안부' 문제에 대한
> 일본 정부의 공식적인 ＿＿＿＿＿＿을/를 반드시 받아 내야 한다고 강력히
> 말했습니다.

4 이 인터뷰를 보고 포스터를 만들었어요. 빈칸에 들어갈 알맞은 말을 찾아 ○표 하세요.

일본군 '위안부' 피해자의
소망이 담긴 평화의 소녀상,

| 지구를 위해 깨끗이 비워 주세요. | 더불어 사는 나눔을 실천해 주세요. | 가슴 아픈 역사를 기억해 주세요. |

지문분석 동영상강의

6·25 전쟁이 남긴 것은 무엇일까요?

판문점
- 위치: 경기도 파주시
- 특징: 6·25 전쟁 때 정전 협정이 맺어진 곳

1 문단 1945년 8월 15일 우리 민족은 그토록 바라던 **광복**을 맞았어요. 그러나 기쁨도 잠시, 우리 민족은 미국과 소련에 의해 38도선을 기준으로 남한과 북한으로 나누어지게 되었어요. 그렇게 시간이 흘러 1950년 6월 25일 북한은 38도선을 넘어 남한으로 쳐들어왔어요 (6·25 전쟁). 전쟁은 무려 3년 동안이나 계속되었어요. 38도선을 중심으로 치열한 전투가 계속되는 가운데, 한편에서는 전쟁을 멈추려는 협상이 진행되었답니다. 1953년 7월 마침내 판문점에서 전쟁을 멈추기로 하는 **정전 협정**을 맺었어요. 그리고 남한과 북한이 맞서 싸우던 38도선 부근의 자리는 휴전선이 되었지요.

2 문단 경기도 파주시에 있는 판문점의 원래 이름은 '널문리'였어요. '널문리'는 순우리말인데, 정전 협정 때 중국 군인들에게 '널문리'를 한자로 바꾸어 적은 '판문점'으로 협정 장소를 알려 주었고, 이후 판문점으로 불리게 되었어요. 판문점은 **분단된** 남한과 북한이 서로 마주 보고 있는 곳으로, 공식적으로 남한과 북한 어느 나라의 땅도 아니에요. 판문점은 남한을 포함한 국제 연합(UN)과 북한이 공동으로 경비하는 구역이기 때문에 '공동 경비 구역(JSA)'이라고 부르기도 해요. 현재에는 주로 남북한 대표가 만나 한반도의 평화를 위한 대화를 하는 장소로 쓰이고 있답니다.

△ 판문점

📍 **38도선과 휴전선**

한반도의 중앙부를 가로지르고 있는 북위 38도선 부근에 남북을 가르는 휴전선이 만들어졌어요.

- 광복 '빛을 되찾다'는 뜻으로, 빼앗긴 주권을 도로 찾은 것을 말해요.
- 정전 전쟁을 하고 있는 양쪽이 합의에 따라 일시적으로 전투를 중단하는 일을 말해요.
- 협정 '서로 의논하여 결정한다'는 뜻으로, 국제간에서 다른 나라와 약속을 하는 것을 말해요.
- 분단되다 작은 토막으로 동강이 나서 끊겨 갈라졌다는 뜻이에요.

오늘의 날짜   월   일

1
중심 낱말

이 글의 중심 낱말로 알맞은 것은 무엇인가요?   (   )

① 널문리   ② 판문점   ③ 한반도

2
중심 내용

1 문단 , 2 문단 의 중심 내용을 알맞게 줄로 이으세요.

3주

1 문단   ·

·   판문점은 분단된 남한과 북한이
마주 보고 있는 곳이에요.

2 문단   ·

·   판문점에서 6·25 전쟁을 멈추기로 하는
정전 협정이 맺어졌어요.

3
내용 추론

휴전선이 생긴 까닭으로 알맞은 것은 무엇인가요?   (   )

① 6·25 전쟁을 멈추려고 했기 때문에
② 38도선을 중심으로 전투가 치열했기 때문에
③ 남한과 북한 어느 나라의 영토도 아니기 때문에

4
어휘 표현

다음 빈칸에 들어갈 알맞은 낱말을 이 글에서 찾아 쓰세요.

현재 ＿＿＿＿＿＿＿＿ 은/는 주로 남북한 대표가 만나 한반도의 평화를
위한 대화를 하는 장소로 쓰이고 있어요.

🐵 오늘의 한 문장 정리

6·25 전쟁으로 한반도 북위 38도선 부근에 ＿＿＿＿＿＿＿ 이 만들어졌어요.

4일차 동영상

자문분석 동영상강의

옛이야기에 담긴 마을 이름의 유래

1. 오늘 판문점에서 남북 정상 회담이 열렸습니다. 이 때문에 전 세계인의 관심이 판문점에 쏠렸는데요. 한때 인터넷상에서 '판문점 뜻'이 큰 화제가 되기도 했습니다. 제가 판문점에 대해 알아보았습니다.

0:15/10:25

2. 판문점이 생기기 전 조선 시대 이 마을 이름은 '널문리'였다고 합니다. 임진왜란 때 선조가 평양으로 피란을 가면서 이곳을 지나갔는데요. 백성들이 널따란 대문을 뜯어 다리를 놓아 주어 강을 건넜다고 해서 '널문리'라고 부르게 되었다고 합니다.

2:45/10:25

널문리

板 널 판 門 문 店 가게 점

3. 이후 6·25 전쟁 당시 이 널문리 마을에서 3년간 계속되던 전쟁을 멈추자고 하는 정전 협정이 진행되었는데요. 이때부터 언론에서 '널문리'를 한자로 바꾼 '판문점'이라는 명칭을 공식적으로 쓰면서 이름이 판문점으로 굳어졌다고 하네요.

4:45/10:25

통합검색　지식iN　블로그　카페　···

연관 검색어

• 왕십리　• 식사동
• 낙성대　• 망우동

4. 판문점이라는 이름의 유래가 매우 흥미로운데요. 덕분에 오늘 인터넷상에서 연관 검색어로 우리나라 곳곳의 지명이 오르기도 했습니다. 알면 알수록 재미있는 지명, 제가 속 시원히 조사해 보았습니다. 그럼, 함께 볼까요?

8:30/10:25

• **피란** 전쟁 같은 난리를 피하여 옮겨 가는 것을 말해요.
• **유래** 어떤 사물이나 일이 생기게 된 까닭을 말해요.
• **지명** 마을이나 지역, 산이나 강의 이름을 말해요.

오늘의날짜   월   일

1 이 동영상의 중심 내용으로 알맞은 것은 무엇인가요?   (   )

① 6·25 전쟁   ② 판문점의 유래   ③ 남북 정상 회담

2 이 동영상의 내용으로 맞으면 ○표, 틀리면 ×표 하세요.

⑴ 판문점은 조선 시대에는 '널문리'라는 이름으로 불렸어요.   (   )

⑵ 인조가 남한산성으로 피신할 때 이곳에 다리를 내려 줬어요.   (   )

3 다음 (   ) 안에 들어갈 알맞은 낱말을 골라 ○표 하세요.

6·25 전쟁 때 판문점에서 전쟁을 멈추기로 하는 (**정전** , **종전**) 협정을 맺었어요.

4 이 동영상의 뒷부분에 이어질 내용이에요. (   ) 안에 들어갈 지명을 찾아 ○표 하세요.

조선 초 태조 이성계의 부탁으로 새 도읍지가 될 만한 장소를 찾아 길을 떠난 무학 대사는 한양에 도착했어요.

바로 이곳이야. 새 왕조의 도읍이 될 만한 좋은 땅이구나.

이보시오. 여기서 10리만 더 가면 더 좋은 땅이 있다오.

이때부터 이 마을 이름을 '(   )'(이)라고 부르게 되었대요. 이 한자 이름을 우리말로 풀면 '10리를 더 가라'는 뜻이에요.

식사동   왕십리   낙성대

5일차 글

★ ★ ★ ★
경제 발전의 과정은 어떤 모습이었을까요?

새마을 역사관
• 위치: 경기도 성남시 분당구
• 특징: 뒤떨어진 농촌 환경을 개선하고 우리나라 경제를 발전시키는 데 큰 역할을 한 새마을 운동에 관한 자료를 전시하고 있음.

📍 **경제 개발 5개년 계획**
정부가 경제 발전을 목표로 추진한 정책으로, 1962년부터 1981년까지 모두 4차례에 걸쳐 시행되었어요.

1문단 1950년에 6 · 25 전쟁이 일어나면서 국토가 황폐해져 농사지을 땅이 매우 부족해졌어요. 경제적으로 어려움을 겪던 우리나라는 미국의 도움을 받아 근근이 살아갔지요. 이에 정부는 무조건 경제를 발전시켜야 한다고 생각했어요. 그렇게 시작된 정책이 바로 1960년대 시작된 경제 개발 5개년 계획이에요. 경제 발전 계획이 체계적으로 실시되면서 우리나라는 점차 가난에서 벗어날 수 있게 되었어요.

2문단 한편, 도시와 농어촌 간의 소득 차이가 갈수록 커지자 1970년대 정부에서는 '**근면 · 자조 · 협동**'을 내걸고 뒤떨어진 농촌의 환경을 **개선하고** 경제를 발전시키기 위한 새마을 운동을 추진했어요. 정부는 농촌의 낡은 집을 현대식으로 고치고 마을의 흙길을 넓고 깔끔한 도로로 포장했어요. 또 산골까지 전기가 들어오게 하고 새로운 작물을 심어 소득을 높이게 했지요. 이러한 새마을 운동은 세계적으로 농촌 개발의 좋은 사례로 평가받기도 했답니다. 그러나 새마을 운동은 농촌 주민들의 생활이나 소득을 실질적으로 나아지게 한다기보다는 마을의 길을 넓히거나 초가집의 지붕을 바꾸는 등의 겉으로 보이는 성과만 중요하게 생각하는 **경향**이 있었어요. 그리고 정부가 새마을 운동을 독재 정권을 유지하는 홍보 수단으로 활용한다는 비판을 받기도 했답니다.

🔺 새마을 운동 깃발

🔺 **새마을 운동 기록물**
새마을 운동과 관련된 각종 기록물이 2013년에 유네스코 세계 기록 유산으로 등재되었어요.

• **근면** 부지런히 일하며 힘쓰는 것이에요.
• **자조** 자기의 발전을 위해 스스로 노력하고 애쓰는 것을 말해요.
• **개선하다** 잘못된 것이나 부족한 것, 나쁜 것을 고쳐 더 좋게 만드는 것을 말해요.
• **경향** 생각이나 행동이 어느 한 방향으로 쏠리거나 기울어져 있는 것을 말해요.

오늘의 날짜   월   일

3주

1 1문단 , 2문단 의 중심 내용을 알맞게 줄로 이으세요.
중심 내용

1문단 ·

· 1970년대 정부에서는
새마을 운동을 추진했어요.

2문단 ·

· 정부는 경제 개발 5개년 계획을
통해 경제를 발전시키려고 했어요.

2 이 글의 내용으로 알맞지 <u>않은</u> 것은 무엇인가요?   (   )
세부 내용

① 새마을 운동을 통해 농촌의 낡은 집을 옛날식으로 고쳤어요.

② 새마을 운동은 세계적으로 농촌 개발의 좋은 사례로 평가받기도 했어요.

③ 정부가 새마을 운동을 독재 정권을 유지하는 수단으로 활용하기도 했어요.

3 정부가 새마을 운동을 추진한 까닭으로 알맞은 것은 무엇인가요?   (   )
내용 추론

① 경제 개발 5개년 계획을 세우기 위해서

② 6 · 25 전쟁으로 황폐해진 국토를 개발하기 위해서

③ 뒤떨어진 농촌 환경을 개선하고 경제를 발전시키기 위해서

4 1문단 의 내용을 요약했어요. 빈칸에 들어갈 알맞은 말을 이 글에서 찾아 쓰세요.
내용 요약

경제 발전을 위한 우리나라의 노력

• 1950년 6 · 25 전쟁으로 국토가 황폐해져 경제적으로 어려움을 겪음.

⬇

• 1960년대 초 정부가 _____ 을/를 세우고 체계적으로 실시함.

 오늘의 **한** 문장 정리

1970년대 정부는 _____ 환경 개선을 위한 새마을 운동을 추진했어요.

5일차
광고

농촌 환경 바꾸기

새마을 운동에 참여하자
근면, 자조, 협동 정신을 실천하자!

- 초가지붕을 없애고 집을 현대식으로 고칩시다.
- 마을의 흙길을 넓히고 도로를 깨끗이 포장합시다.
- 상수도를 만들고 전기가 들어오게 합시다.
- 농지를 가꾸고 새로운 작물을 심어 농촌의 소득을 올립시다.

우리 마을의 길이 넓어졌어.

길은 넓어진 것 같은데, 전기는 아직도 안 들어와.

- 상수도 먹는 물이나 공장에서 쓰는 물을 관을 통하여 보내 주는 설비를 말해요.
- 농지 농사를 짓는 데 쓰는 땅을 말해요.

1 이 광고를 보고 새마을 운동의 정신을 나타낸 낱말을 모두 찾아 ○표 하세요.

| 근면 | 자조 | 창의 | 협동 |

2 이 광고의 내용으로 맞으면 ○표, 틀리면 ×표 하세요.

(1) 금 모으기 운동에 참여해 나랏빚을 갚읍시다.　　　　　　（　　　　　）

(2) 농지를 가꾸고 새로운 작물을 심어 소득을 올립시다.　　（　　　　　）

3 다음 빈칸에 들어갈 알맞은 말을 이 광고에서 찾아 쓰세요.

> 1970년대 농촌 환경을 개선하기 위한 ＿＿＿＿＿＿＿은/는 농민들도 잘 살 수 있다는 희망과 자신감을 심어 주었어요.

4 이 광고의 내용과 관련 있는 사진으로 알맞은 것은 무엇인가요?　　（　　　　　）

①
🔺 농촌에서 초가집을 고치는 장면

②
🔺 공장에서 자동차를 조립하는 장면

③
🔺 공장에서 실을 만드는 장면

1~5일 지문에서 나온 중요 어휘를 정리해 보세요.

1 밑줄 친 낱말의 뜻을 알맞게 줄로 이으세요.

유관순은 아우내 장터에서 만세 <u>시위</u>를 이끌었어요. · · 국제간에서 다른 나라와 약속을 하는 것

판문점에서 전쟁을 멈추기로 하는 정전 <u>협정</u>을 맺었어요. · · 죄를 지은 사람을 가두어 두는 감옥

일제는 독립운동가를 잡아 서대문 <u>형무소</u>에 가두었어요. · · 많은 사람이 집회나 행진을 하며 의사를 표시하는 것

일본군 '위안부'는 일제가 저지른 <u>추악한</u> 범죄예요. · · 제도나 법률을 만들어서 정하다.

조선어 연구회에서는 '가갸날'을 <u>제정했어요</u>. · · 자기의 발전을 위해 스스로 노력하고 애쓰는 것

새마을 운동의 정신은 근면, <u>자조</u>, 협동이에요. · · 더럽고 아주 나쁘다.

2 밑줄 친 낱말과 뜻이 비슷한 낱말을 〈보기〉에서 찾아 빈칸에 쓰세요.

〈 보기 〉

갇히다	나뉘다	되찾다	어렵사리	지키다

(1) 조선어 학회는 한글을 **수호하기** 위해 노력했어요.
　　　　　　　　　　　지키고 보호하다.
_____

(2) 38도선을 기준으로 남한과 북한으로 **분단되었어요**.
　　　　　　　　　　　　　동강이 나서 끊겨 갈라지다.
_____

(3) 우리나라는 미국의 도움을 받아 **근근이** 살아갔어요.
　　　　　　　　　　　　어렵사리 겨우
_____

(4) 형무소에 **수감된** 유관순은 감옥 안에서도 만세를 불렀어요.
　　　사람을 감옥에 가두어 넣다.
_____

(5) 일본군 '위안부' 피해자의 명예가 **회복되기**를 바라고 있어요.
　　　　　　　　　　원래의 상태로 돌아가거나 원래의 상태가 되찾아지다.
_____

3 다음 문장의 밑줄 친 낱말을 바르게 고쳐 빈칸에 쓰세요.

(1) 6 · 25 전쟁으로 국토가 **황패해졌어요**. _____

(2) 북한은 38도선을 넘어 남한으로 **처들어왔어요**. _____

(3) 우리말 『큰사전』은 일제의 **방훼**로 완성되지 못했어요. _____

(4) 유관순은 서대문 형무소에 **갖혀** 있다가 죽음을 맞았어요. _____

(5) 일제는 전쟁을 **벌리면서** 우리 민족을 전쟁터에 끌고 갔어요. _____

3주

4 주

1일

5·18 민주화 운동

전라남도 광주에서 일어난
민주화 운동으로, 많은
사람이 죽거나 다쳤어요.

2일

국제 스포츠 대회

우리나라는 2번의 올림픽
대회와 1번의 월드컵 대회를
개최했어요.

1980년
전라남도 광주에서
시위 발생

1987년
6월 민주 항쟁

2002년
한일 월드컵
대회 개최

2018년
평창 동계 올림픽
대회 개최

연표를 따라가며 **4주차**에 만날 문화유산의
이름과 특징을 살펴보세요.

3일

김치와 한복

김치와 한복은 우리 전통
음식과 옷으로, 전통문화가
담겨 있어요.

4일

민속놀이

옛날 사람들이 즐겼던
여러 가지 놀이 중 오늘날까지
전해지는 놀이예요.

5일

세시 풍속

옛날부터 해마다 일정한
시기에 되풀이되는 다양한
생활 모습을 말해요.

1일차 글

자문분석 동영상강의

1980년 5월, 광주에 어떤 일이 있었을까요?

국립 5·18 민주 묘지
• 위치: 광주광역시 북구
• 특징: 5·18 민주화 운동의 정신과 역사적 의미를 느낄 수 있음.

⑨ 유신 헌법
'유신'이란 낡은 법이나 제도를 새롭게 고친다는 뜻이에요. 박정희는 자신이 계속 대통령을 하려고 유신 헌법을 만들어 대통령이 막강한 권한을 가질 수 있도록 법을 고쳤어요.

⑨ 5·18 민주화 운동

광주 시민들은 전라남도 도청 앞 광장에 모여 대규모 시위를 하며 민주화를 요구했어요.

1 문단 1979년 10월 26일, ⑨유신 헌법을 바탕으로 **독재** 정치를 하던 박정희는 부하가 쏜 총에 맞아 죽었어요. 박정희가 죽으면서 독재 정치는 끝났지만 나라는 큰 혼란에 빠졌지요. 바로 그 틈을 타 전두환을 중심으로 한 새로운 군인 세력이 **정변**을 일으켜 권력을 차지했어요(12·12 사태). 전국에서 시민들과 학생들이 전두환이 물러날 것을 요구하며 대규모 시위를 벌였어요. 1980년 5월 18일에는 전라남도 광주에서 시위가 일어났어요. 전두환이 보낸 **계엄군**은 시위를 하던 시민들에게 **무자비한** 폭력을 휘두르며 총을 쏘기까지 했어요. 이에 화가 난 시민들은 '시민군'이라는 군대를 만들어 대항했고, 이 과정에서 수많은 사람이 죽거나 다쳤어요(5·18 민주화 운동).

2 문단 5·18 민주화 운동은 우리나라에서 민주주의가 발전하는 데 바탕이 된 사건이에요. 또 필리핀, 태국, 베트남 등 아시아 여러 나라의 민주화 운동에도 영향을 주었어요. 이러한 점이 세계적으로 높이 평가받으면서 5·18 민주화 운동 기록물은 2011년에 유네스코 세계 기록 유산으로 등재되었어요. 5·18 민주화 운동 기록물에는 시민들의 선언문, 5·18 민주화 운동에 참여했던 사람들의 증언, 일기, 기자들의 취재 수첩, 피해자 보상 자료 등이 있답니다.

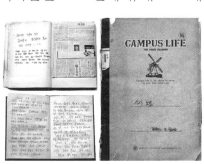

△ 5·18 민주화 운동 당시 여고생의 일기와 기자의 취재 수첩

• **독재** 모든 권력을 차지하여 모든 일을 독단으로 처리하는 것을 말해요.
• **정변** 혁명이나 쿠데타 같은 비합법적인 수단으로 생긴 정치상의 큰 변동을 말해요.
• **계엄군** 전쟁같이 나라에 비상사태가 일어났을 때 행정과 사법을 맡아 다스리는 군대를 말해요.
• **무자비하다** 남을 이해하는 따뜻한 마음 없이 차갑고 모질게 하는 것을 말해요.

오늘의날짜   월   일

1
중심 내용

 의 중심 내용을 알맞게 줄로 이으세요.

1 문단 •	• 1980년 5월 18일에 전라남도 광주에서 시위가 일어났어요.
2 문단 •	• 5·18 민주화 운동은 우리나라의 민주주의 발전에 바탕이 되었어요.

4주

2
세부 내용

이 글의 내용으로 알맞지 <u>않은</u> 것은 무엇인가요?   (   )

① 5·18 민주화 운동 기록물에는 유신 헌법과 취재 수첩 등이 있어요.

② 5·18 민주화 운동은 다른 나라의 민주화 운동에도 영향을 주었어요.

③ 5·18 민주화 운동 기록물은 유네스코 세계 기록 유산으로 등재되었어요.

3
어휘 표현

다음 빈칸에 들어갈 알맞은 말을 이 글에서 찾아 쓰세요.

전두환이 보낸 계엄군이 시민들에게 무자비한 폭력을 휘두르자 화가 난 시민들은 '_____'이라는 군대를 만들어 대항했어요.

4
내용 추론

5·18 민주화 운동이 일어난 까닭으로 알맞은 것은 무엇인가요?   (   )

① 독재 정치를 하던 박정희가 죽어서

② 시민들과 학생들이 대규모 시위를 벌여서

③ 전두환을 중심으로 한 군인 세력이 정변을 일으켜 권력을 차지해서

 오늘의 **한** 문장 정리

5·18 민주화 운동은 우리나라의 _____ 발전에 바탕이 되었어요.

1일차
일기

1980년 5월 광주, 그날의 일기

1980년 5월 21일 수요일　　　날씨:

제목: 대한민국은 민주주의 국가이고, 우리는 자랑스러운 시민이에요

　　며칠 전 전남 대학교에 다니는 옆집 오빠가 군인들에게 맞았다. 이 소식을 들은 큰오빠도 시위에 참여한다고 나가서 아직까지 돌아오지 않았다. 엄마는 큰오빠를 걱정하며 군인들의 무자비한 폭력에 화가 난 시민들이 모두 전라남도 도청 앞에 모여 있다고 했다.

　　저녁때 "탕탕!" 하는 소리가 들려서 엄마 몰래 창문을 내다보니 탱크에 총을 든 군인들이 타고 있었다. 벌써 며칠째 밖에 나가지 못했다. 하루 종일 텔레비전을 보고 라디오를 들었지만 군인들이 광주를 점령했다는 사실은 뉴스에 나오지 않고, 아나운서는 광주에서 폭도들이 난동을 일으켰다는 말도 안 되는 이상한 소리를 했다.

　　어젯밤에도 우리 가족은 뜬눈으로 밤을 새웠다. 아빠와 엄마가 "우리도 도청으로 가서 폭력에 대항하고 민주주의를 향한 힘을 보태야 한다."라고 말했다. 해가 뜨지도 않았는데 우리 가족은 도청으로 향했다. 도청 앞에 도착하자, "민주주의 만세!" 하는 소리가 들려왔다. 거리에는 아주머니들이 주먹밥을 해서 시민군들에게 먹으라고 나누어 주고 있었고, 시내는 온통 만세를 부르는 사람들로 가득 차 있었다.

- 폭도 폭동을 일으키거나 폭동에 가담한 사람의 무리를 가리켜요.
- 난동 질서를 어지럽히며 마구 행동하는 것을 말해요.

오늘의날짜   월   일

1 이 일기에 나오는 사건이 일어난 장소는 어디인가요?   (   )

① 광주   ② 부산   ③ 제주

2 이 일기의 내용으로 맞으면 ○표, 틀리면 ×표 하세요.

⑴ 1980년 5월 군인들이 독재 정치를 하던 정권에 맞서 싸웠어요.   (   )

⑵ 텔레비전 뉴스에서는 광주의 소식을 사실대로 알리지 않았어요. (   )

4주

3 다음 빈칸에 들어갈 알맞은 낱말을 이 그림일기에서 찾아 쓰세요.

> 군인들의 무자비한 폭력에 화가 난 광주 시민들은 전라남도 도청 앞에 모여
> "_____ 만세!"를 외치며 폭력을 휘두르는 군인들에게 대항했어요.

4 이 일기를 바탕으로 만든 영화의 제목으로 알맞은 것은 무엇인가요?   (   )

① 전쟁의 슬픔, 포화 속에서 적군으로 만난 형제
② 사랑의 힘, 광주에서 사랑을 외친 외국인 기자
③ 5월의 기억, 민주주의를 향해 싸운 광주 시민들

2일차

글

지문분석 동영상강의

우리나라에서 열린 국제 스포츠 대회는 무엇일까요?

서울 올림픽 기념관
• 위치: 서울특별시 송파구
• 특징: 서울 올림픽 대회와 관련된 각종 기록, 문서, 영상물 등을 볼 수 있음.

1문단 "손에, 손잡고 벽을 넘어서" 4년마다 열리는 올림픽 대회는 나라의 **위상**을 알리고 경제적인 이익을 얻을 수 있는 국제 스포츠 대회예요. 그래서 많은 나라가 자기 나라에서 올림픽을 열려고 노력한답니다. 1970년대 정부와 국민의 노력으로 경제 발전을 이룬 우리나라도 마찬가지였어요. 그 결과 1988년 서울에서 처음 올림픽 대회를 열게 되었어요. 이 대회에서 우리나라는 세계 4위라는 올림픽 참가 역사상 가장 좋은 성적을 거두었어요. 이로써 우리나라는 '전쟁이 일어난 가난한 나라'라는 **이미지**에서 벗어나 '눈부신 경제 발전을 이룬 나라'라는 새로운 모습을 전 세계에 알렸어요. 이후 우리나라는 2018년 강원도 평창에서 동계 올림픽 대회를 열면서 세계에서 여름과 겨울 올림픽을 모두 **개최한** 여덟 번째 나라가 되었어요.

1988년 서울 올림픽 대회

서울 올림픽 대회는 오랫동안 철저하게 준비하여 대회를 잘 운영했다는 평가를 받았어요.

2문단 "대-한민국! 짝짝 짝 짝짝!" 2002년 여름, 거리는 온통 빨간색 티셔츠를 입은 사람들로 가득했어요. 바로 2002년 한일 월드컵 대회가 열렸기 때문이에요. 이 대회는 월드컵 역사상 두 나라가 함께 연 첫 번째 대회였어요. 우리나라는 이 대회에서 4강에 진출하여 월드컵 참가 역사상 가장 좋은 결과를 얻었답니다. 우리나라 선수들의 연이은 승리 소식에 많은 사람이 거리로 나와 열정적으로 응원했어요. 외국에서 온 기자들은 이러한 모습을 보며 정말 놀라워했답니다.

▲ 2002년 한일 월드컵 대회 거리 응원

2018년 평창 동계 올림픽 대회

개막식에서 남한과 북한이 공동으로 입장했어요.

• 위상 어떤 것이 다른 것과의 관계 속에서 가지는 위치나 상태를 말해요.
• 이미지 어떤 사람이나 사물로부터 받는 느낌을 말해요.
• 개최하다 모임이나 회의를 주최하여 여는 것을 말해요.

1

중심 낱말

1 문단 의 중심 낱말로 알맞은 것은 무엇인가요?   (   )

① 전쟁   ② 올림픽   ③ 월드컵

2

중심 내용

1 문단 , 2 문단 의 중심 내용을 알맞게 줄로 이으세요.

> 1 문단   •

> 2 문단   •

> • 한일 월드컵 대회 때 많은 사람이 거리로 나와 열정적으로 응원했어요.

> • 우리나라는 서울 올림픽 대회를 통해 경제 발전을 이룬 모습을 전 세계에 알렸어요.

3

어휘 표현

다음 빈칸에 들어갈 알맞은 낱말을 이 글에서 찾아 쓰세요.

> 1988년 서울 올림픽 대회에서 우리나라는 세계 4위라는 좋은 성적을 거두면서 눈부신 _____ 발전을 이룩한 새로운 모습을 전 세계에 알렸어요.

4

세부 내용

이 글의 내용으로 알맞지 <u>않은</u> 것은 무엇인가요?   (   )

① 우리나라는 1988년 서울 올림픽 대회를 열었어요.

② 올림픽 대회는 4년마다 열리는 국제 스포츠 대회예요.

③ 2002년에는 세계 여러 나라에서 동시에 월드컵 대회가 열렸어요.

오늘의 **한** 문장 정리

우리나라는 2번의 _____ 대회와 1번의 월드컵 대회를 개최했어요.

2일차
설문조사

★ ★ ★ ★ ★
2002년 한일 월드컵 대회 설문 조사

2002년 한일 월드컵 외국인 기자 대상 설문 조사

2002년 한일 월드컵 대회와 대한민국 이미지에 대한 설문 조사를 하고 있습니다.
설문에 참여하시는 분들의 번호를 뽑아 선물을 드립니다.

- **설문 기간** 2002년 5월 31일 ~ 6월 30일
- **설문 대상** 외국인 기자

2002년 한일 월드컵 외국인 기자 대상 설문 조사 결과

 질문 1 한일 월드컵에서 가장 기억나는 것은 무엇인가요?

1위 거리를 붉게 물들인 빨간색 티셔츠를 입고 응원하는 사람들 51명

2위 국가 대표 선수들과 히딩크 감독이 이룬 4강의 성적 24명

3위 월드컵 최초 대한민국과 일본의 공동 개최 18명

4위 대-한민국, 하나 된 응원 구호 7명

 질문 2 한일 월드컵 경기 **취재** 이후 대한민국에 대한 이미지가 좋게 바뀌었나요?

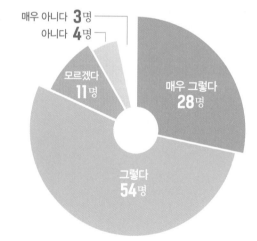

매우 아니다 **3**명
아니다 **4**명
모르겠다 **11**명
매우 그렇다 **28**명
그렇다 **54**명

 질문 3 대한민국에 대해 좋게 바뀐 이미지는 구체적으로 무엇인가요?

1위 시민 의식	2위 경제 발전	3위 스포츠 강국	
43명	**34**명	**21**명	**2**명
경기장 안팎은 물론이고 길거리 응원에서도 질서를 잘 지킨다.	세계적으로도 순위가 높은 경제 규모를 가진 선진국이다.	**첨단** 시설을 갖춘 경기장 등 준비에 철저하다.	기타

- **취재** 작품이나 기사에 필요한 재료나 내용을 조사하여 얻는 것을 말해요.
- **첨단** '물체의 뾰족한 끝'이라는 뜻으로, 과학 기술이나 유행의 맨 앞자리에 있는 것을 말해요.

● 바른답과 도움말 11쪽

1 이 설문 조사의 설문 대상으로 알맞은 것은 무엇인가요? （   ）

① 외국인 기자   ② 대한민국 국민   ③ 국가 대표 선수

2 이 설문 조사 결과의 내용으로 맞으면 ○표, 틀리면 ×표 하세요.

⑴ 대한민국에 대한 이미지가 좋게 바뀐 사람이 더 적었어요.   （   ）

⑵ 한일 공동 개최가 가장 기억난다는 사람이 세 번째로 많았어요. （   ）

4주

3 다음 빈칸에 들어갈 알맞은 말을 이 설문 조사에서 찾아 쓰세요.

> 2002년 한일 월드컵 대회 외국인 기자 대상 설문 조사 결과를 살펴보면, 국가 대표 선수들과 히딩크 감독이 이뤄 낸 _____ 의 성적이 가장 기억난다고 대답한 사람들의 순위가 2위를 차지했어요.

4 질문3 에 대한 설문 조사 결과를 잘못 이해한 어린이를 찾아 이름을 쓰세요.

질서를 잘 지키는 시민 의식이 인상적이라고 말한 사람이 가장 많아요.

대한

우리나라는 월드컵 대회가 열릴 경기장 준비에 소홀했어요.

민국

우리나라는 세계적으로도 순위가 높은 경제 규모를 가진 선진국이에요.

만세

3일차
글

우리의 전통 음식과 옷은 무엇일까요?

광주 김치 박물관
• 위치: 광주광역시 남구
• 특징: 삼국 시대부터 만들어 먹은 우리 민족 고유의 음식인 김치의 모습을 담은 옛 기록을 전시하고 있음.

1 문단 김치는 소금에 절인 배추나 무를 고춧가루, 파, 마늘 같은 양념에 버무려 **발효**를 시킨 음식이에요. 기록에 따르면 우리 민족은 삼국 시대부터 김치를 담가 먹었다고 해요. 김치를 만드는 재료나 방법은 지역마다 조금씩 달라요. 고춧가루가 들어간 빨간 김치는 1592년에 일어난 임진왜란 이후 일본에서 고추가 들어오면서 먹기 시작했어요. 찬바람이 부는 추운 겨울이 올 때가 되면 마을 사람들이 서로 **품앗이**를 하며 김장을 해 나누었어요. 이웃과 함께 김장을 해서 서로 나눠 먹는 문화는 세계 어느 나라에서도 찾아볼 수 없어요. 아주 오랜 옛날부터 전해 오는 우리 민족만의 특별한 김장 문화는 유네스코에서도 인정한 세계 무형 문화유산이랍니다.

📍 **김장**

겨우내 먹기 위하여 김치를 한꺼번에 많이 담그는 일을 말해요.

2 문단 한복은 우리나라의 **전통** 의복이에요. 곡선의 아름다움이 나타난 한복은 우리 민족의 우아한 멋을 보여 주지요. 한복은 오랜 역사를 자랑해요. 고구려 수산리 고분 벽화에는 한복을 입고 있는 고구려 사람들의 모습이 남아 있어요. 오늘날과 같은 모양의 한복은 조선 시대에 이르러 갖추어졌어요. 조선 말기에 서양 문물과 함께 양복이 들어왔는데, 이때 우리 전통 옷을 양복과 구별하기 위해 한복이라는 말을 사용했어요. **개항기** 이후 생활 모습이 서양식 문화에 영향을 받으면서 한복은 사람들의 생활에서 점점 멀어지게 되었어요. 하지만 오늘날에는 한복의 단점을 고쳐 활동하기에 편리한 '개량 한복'이 만들어져 평소에도 한복을 입고 생활하는 사람들이 많아지고 있답니다.

📍 **수산리 고분 벽화**

고구려 수산리 고분 벽화에는 남자는 저고리와 바지, 여자는 저고리와 치마를 입고 있는 사람들의 모습이 남아 있어요.

• **발효** 식품 속의 영양소가 효모나 미생물에 의해 분해되어 맛있게 변하는 것을 말해요.
• **품앗이** 힘든 일을 번갈아 가며 서로 해 주는 것을 말해요.
• **전통** 오랜 옛날부터 전해 내려오는 습관이나 행동 등을 말해요.
• **개항기** 강화도 조약(1876년) 이후 서양의 영향을 받아 근대적으로 바뀌던 시기를 말해요.

오늘의 날짜   월   일

1
중심 낱말

1문단 의 중심 낱말로 알맞은 것은 무엇인가요?   (   )

① 겨울   ② 김치   ③ 한복

2
중심 내용

1문단 , 2문단 의 중심 내용을 알맞게 줄로 이으세요.

1문단 •		• 한복은 우리나라의 전통 의복이에요.
2문단 •		• 김장을 해 나누는 것은 우리 민족만의 특별한 문화예요.

4주

3
세부 내용

2문단 의 내용으로 알맞은 것은 무엇인가요?   (   )

① 우리 민족은 고려 시대부터 한복을 입기 시작했다고 전해요.

② 서양의 옷인 한복과 구별하기 위해 양복이라는 말을 사용했어요.

③ 한복의 단점을 고쳐 활동하기 편리한 '개량 한복'이 만들어졌어요.

4
내용 요약

이 글의 내용을 요약했어요. ㉠, ㉡에 들어갈 알맞은 낱말을 이 글에서 찾아 쓰세요.

조상들의 지혜와 멋	김치	삼국 시대부터 먹은 우리 전통 음식으로, 겨울이 오기 전 마을 사람들이 서로 (㉠)을/를 하며 김장을 했어요.
	한복	오랜 역사를 가진 우리 전통 의복으로, (㉡)와/과 구별하기 위해 한복이라고 불렀어요.

㉠ _____   ㉡ _____

🐵 오늘의 **한** 문장 정리

_____ 와 한복에는 우리 민족의 전통문화가 담겨 있어요.

3일차
백과사전

아름다운 우리 옷, 한복

🏠 에듀윌백과사전   ×   +

← → C   https://encyeduwill.com/Hanbok   ☆

ℯ 에듀윌백과사전   🔍   ☰

한복

1. 기본 정보

우리나라의 **고유한** 옷. 남자는 **통**이 허리까지 오는 저고리에 넓은 바지를 입고, 여자는 짧은 저고리에 치마를 입어요. 오늘날에는 한복을 평상복으로 입기보다는 명절이나 특별한 날에 주로 입어요.

🔺 한복의 바지저고리(왼쪽)와 치마저고리(오른쪽)

2.   (가)

기록에 따르면 우리 민족은 삼국 시대부터 한복을 입었다고 전해요. 하지만 우리가 알고 있는 오늘날 한복의 형태는 조선 시대에 이르러서 **정착되었어요**. 조선 초기 여자 한복의 저고리는 품이 크고 길었는데, 시간이 지나면서 저고리의 길이가 점점 짧아졌어요. 조선 후기 풍속화가 신윤복이 그린 「미인도」를 보면 저고리가 짧은 한복을 입은 여인의 모습을 볼 수 있어요. 조선 말기 여자의 한복 치마는 발에 밟혀 걷기가 힘들 정도로 길이가 길고, 저고리는 아주 짧아서 활동하기 불편했어요. 개항 이후 서양의 문물과 함께 양복이 들어오면서 한복의 모양에도 큰 변화가 생겼어요. 여성들도 점차 사회 활동을 하게 되면서 한복을 입고도 생활하기 편리하도록 치마 길이가 짧아진 것이지요.

🔺 조선 시대 여자 한복의 모양 변화

- 고유하다 본래부터 가지고 있어 특별한 것을 말해요.
- 통 바짓가랑이나 소매의 속의 넓이를 말해요.
- 정착되다 일정한 곳에 자리를 잡아 붙박이로 있거나 머물러 살게 되는 것을 말해요.
- 품 윗옷의 겨드랑이 밑의 가슴과 등을 두르는 부분의 넓이를 말해요.

● 바른답과 도움말 12쪽

1 이 백과사전의 (가)에 들어갈 내용으로 알맞은 것은 무엇인가요?   (   )

① 조선 초기의 한복   ② 한복의 종류와 형태   ③ 한복의 역사와 변화

2 이 백과사전의 내용으로 맞으면 ○표, 틀리면 ×표 하세요.

⑴ 한복은 우리나라의 고유한 옷이에요.   (   )

⑵ 오늘날에도 한복을 평상복으로 입는 사람이 매우 많아요.   (   )

3 이 백과사전의 내용으로 알맞은 것은 무엇인가요?   (   )

① 남자 한복은 저고리가 짧고 통이 좁은 바지예요.

② 조선 말기 여자 한복의 저고리는 품이 크고 길었어요.

③ 양복이 들어오면서 여자 한복도 생활하기 편리하게 변했어요.

4 이 백과사전에 나오는 그림이에요. 그림이 그려진 시대로 알맞은 것을 찾아 ○표 하세요.

삼국 시대

고려 시대

조선 초기

조선 후기

🔺 신윤복의 「미인도」

4주

4일차
글

지문분석 동영상강의

옛날 사람들은 어떤 놀이를 즐겼을까요?

창원 시립 마산 박물관
• 위치: 경상남도 창원시
• 특징: 창원 지역의 씨름에 관한 자료를 볼 수 있을 뿐 만 아니라 씨름을 직접 체험하고 즐길 수 있음.

1 문단 옛날부터 우리 조상들은 여러 가지 놀이를 즐겼어요. 그중 오늘날까지 전해 내려오는 놀이를 '**민속**놀이'라고 해요. 그렇다면 옛날 사람들은 어떤 놀이를 즐겼을까요? 옛날에는 오늘날과 같이 컴퓨터나 스마트폰이 없었기 때문에 주로 밖에서 하는 놀이가 많았어요. 대표적으로 씨름과 널뛰기, 줄다리기가 있답니다.

2 문단 옛날에는 남자는 주로 바깥일을 하고, 여자는 보통 집안일을 했어요. 그래서 남자들은 던지고, 빼앗고, 밀고, 당기는 놀이를 많이 했지요. 대표적으로 두 사람이 **샅바**를 잡고 상대방을 먼저 넘어뜨려야 하는 놀이인 씨름, 상대편 가마를 먼저 빼앗거나 부수는 놀이인 가마싸움이 있어요. 이에 반해 여자는 주로 가만히 앉아서 하는 놀이나 움직임이 적고 간단한 놀이를 즐겼어요. 대표적으로 긴 널빤지로 시소 같은 널을 만들어 즐기는 놀이인 널뛰기, 큰 나무에 줄을 매어 달아 놓은 그네에 타는 놀이인 그네뛰기가 있답니다.

3 문단 민속놀이 중에는 마을의 **안녕**과 농사가 잘되기를 바라는 마음으로 마을 사람들이 함께 힘을 모아 하는 놀이도 많아요. 대표적으로 사람들을 두 편으로 나누어 줄을 끌어당기는 놀이인 줄다리기, 상대편의 **고**를 짓눌러 먼저 땅에 닿게 하는 편이 이기는 놀이인 고싸움놀이가 있어요.

📍 **씨름**

△ 고싸움놀이

📍 **가마싸움**

• 민속 일반 백성들의 생활과 관계있는 것을 뜻해요.
• 샅바 씨름을 할 때 허리와 다리에 둘러 묶어서 손잡이로 쓰는 천을 말해요.
• 안녕 아무 탈 없이 편안한 것을 말해요.
• 고 고싸움놀이 도구에서 줄 머리에 달린 둥그런 모양으로 생긴 것을 말해요.

오늘의 날짜   월   일

1 이 글의 중심 낱말로 알맞은 것은 무엇인가요?   (   )

중심 낱말

① 민속놀이   ② 사물놀이   ③ 소꿉놀이

2 1문단 , 2문단 , 3문단 의 중심 내용을 알맞게 줄로 이으세요.

중심 내용

1 문단   ·

· 옛날에는 남자들과 여자들이 하는
놀이가 달랐어요.

2 문단   ·

· 민속놀이에는 마을 사람들이 함께
힘을 모아 하는 놀이도 많아요.

3 문단   ·

· 옛날부터 오늘날까지 전해 내려오는
놀이를 민속놀이라고 해요.

3 이 글의 내용으로 알맞은 것은 무엇인가요?   (   )

세부 내용

① 널뛰기와 그네뛰기는 주로 여자들이 했던 놀이예요.
② 옛날 사람들은 주로 집 안에서 하는 놀이를 즐겼어요.
③ 줄다리기는 다른 마을과 싸우는 전쟁에서 비롯되었어요.

4 다음 빈칸에 들어갈 알맞은 낱말을 이 글에서 찾아 쓰세요.

어휘 표현

_____ 은/는 상대편의 고를 먼저 땅에 닿게 하면 이기는 놀이예요.

오늘의 **한** 문장 정리

우리 민족은 씨름, 줄다리기 같은 다양한 _____ 를 즐겼어요.

4주

4일차 잡지

자문분석 동영상강의

민속놀이의 꽃, 씨름의 모든 것

1 씨름의 역사

고구려 고분 각저총의 벽화에 씨름하는 모습이 그려져 있는데, 이를 통해 씨름이 삼국 시대부터 널리 퍼져 있던 놀이라는 것을 알 수 있어요. 조선 후기 풍속화가 김홍도는 「씨름」에서 당시 서민들이 즐기던 씨름을 실감 나게 그렸어요.

각저총 「씨름도」

안다리 걸기(왼쪽)과 밭다리 걸기(오른쪽)

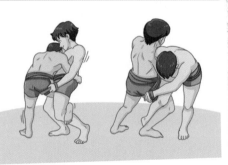

2 씨름의 기술과 경기 방법

씨름은 두 사람이 샅바나 바지 허리춤을 잡고 힘과 기술을 겨루어 상대방을 넘어뜨리는 것으로 승부를 다투는 놀이예요. 씨름의 기술에는 크게 손 기술, 발 기술 (다리 기술), 허리 기술이 있어요. 씨름은 한 번의 경기로 승리자를 가리기도 하지만 보통 세 번 경기를 해서 두 번 이기는 사람이 승자가 돼요.

3 씨름 경기장

씨름은 옛날부터 모래가 있는 장소에서 주로 했어요. 전통을 이어 나가는 뜻에서 씨름 경기장은 모래로 만드는 것이 원칙이에요. 경기장은 지름 10미터의 크기로 만들어요.

씨름 경기장의 크기

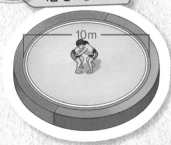

10m

• 각저총 고구려 시대 무덤이에요. 고구려 사람들은 씨름을 '각저'라고 불렀기 때문에 무덤 이름이 각저총이 되었어요.

1 이 잡지에 나오는 주요 내용으로 알맞지 <u>않은</u> 것은 무엇인가요?   (   )

① 씨름의 기술   ② 씨름의 역사   ③ 씨름의 종류

2 이 잡지의 내용으로 맞으면 ○표, 틀리면 ×표 하세요.

⑴ 씨름 경기장은 모래로 만드는 것이 원칙이에요.   (   )

⑵ 씨름은 삼국 시대부터 널리 퍼져 있던 놀이예요.   (   )

⑶ 씨름은 상대방을 허리 위로 들어 올리면 이기는 놀이예요.   (   )

4주

3 이 잡지에 나오는 씨름의 기술로 알맞지 <u>않은</u> 것을 찾아 ○표 하세요.

손 기술   등 기술   다리 기술   허리 기술

4 이 잡지에 나오는 김홍도의 「씨름」으로 알맞은 것은 무엇인가요?   (   )

①    ②    ③

5일차 글

세시 풍속에는 무엇이 있을까요?

국립 민속 박물관
• 위치: 서울특별시 종로구
• 특징: 어린이 박물관에서는 우리나라와 다른 나라의 세시 풍속을 비교하며 체험할 수 있음.

보신각 터
• 위치: 서울특별시 종로구
• 특징: 매년 12월 31일 밤 보신각에서는 '제야의 종'을 치며 새해를 맞이하는 행사가 열림.

♀ 야광 귀신

설날 밤에 하늘에서 내려와서 잠을 자는 아이들의 신발을 신어 보고 자기 발에 맞는 것을 가져간다는 귀신이에요.

1 문단 사계절이 뚜렷한 우리나라는 옛날부터 계절이나 때에 따라서 하는 일, 먹는 음식, 즐겨 하는 놀이가 달랐어요. 이렇게 해마다 일정한 시기에 되풀이되는 다양한 생활 모습을 '세시 **풍속**'이라고 해요. 우리 민족은 설날, 정월 대보름, 단오, 추석, 동지 같은 명절에 좋은 일을 기원하고 나쁜 일을 몰아내기를 바라는 다양한 세시 풍속을 즐겼어요. 설날 아침에는 새로 마련한 **설빔**을 곱게 차려입고 부모님이나 집안 어른들을 찾아뵙고 세배를 드렸어요. 정월 대보름에는 새해가 되고 처음 뜬 큰 보름달을 보며 소원을 빌거나 농사가 잘되기를 기원했지요. 추석에는 새로 거두어들인 햇곡식과 과일로 맛있는 음식을 만들어 조상에게 **차례**를 지내고 송편을 빚어 먹었어요. 1년 중 밤이 가장 긴 **동지**에는 붉은색의 팥죽을 쑤어 먹으며 나쁜 귀신을 쫓았답니다.

🔺 송편(왼쪽)과 팥죽(오른쪽)

2 문단 과학과 기술의 발달로 우리가 살아가는 모습은 옛날과 많이 달라졌어요. 옛날부터 전해 내려오는 세시 풍속도 시간이 흐르면서 많이 바뀌었지요. 설날 밤에 ♀야광 귀신을 쫓으려고 신발을 품에 안고 밤을 새우는 아이들의 모습은 더 이상 볼 수 없지만, 오늘날에도 매년 12월 31일 밤 열두 시에 서울의 한복판에 모여 보신각 종소리를 들으며 소원을 비는 모습은 남아 있답니다. 시대와 환경의 변화에 따라 전통적인 세시 풍속들이 오늘날의 생활 모습에 맞게 변하면서 이어지고 있는 것이지요.

• **풍속** 옛날부터 전해 내려오는 생활 습관을 말해요.
• **설빔** 설을 맞이하여 새로 장만하여 입거나 신는 옷이나 신발을 말해요.
• **차례** 명절이나 조상 생일 같은 날 낮에 지내는 제사를 말해요.
• **동지** 1년 중 낮이 가장 짧고 밤이 가장 긴 날로, 양력 12월 22일이나 23일경이에요.

1
중심 내용

 ,  의 중심 내용을 알맞게 줄로 이으세요.

 ·

· 우리 민족은 명절에 다양한
세시 풍속을 즐겼어요.

 ·

· 세시 풍속은 오늘날의 생활 모습에
맞게 변하면서 이어지고 있어요.

2
세부 내용

이 글의 내용으로 알맞은 것은 무엇인가요?   (   )

① 추석에는 햇곡식으로 음식을 만들어 조상에게 차례를 지냈어요.

② 동지에는 새해가 되고 처음 뜬 큰 보름달을 보며 소원을 빌었어요.

③ 정월 대보름에는 붉은색의 팥죽을 쑤어 먹으며 나쁜 귀신을 쫓았어요.

3
어휘 표현

다음 빈칸에 들어갈 알맞은 말을 이 글에서 찾아 쓰세요.

설날 아침에는 집안 어른들을 찾아뵙고 ＿＿＿＿＿＿＿＿＿ 을/를 드렸어요.

4
내용 추론

오늘날 세시 풍속이 옛날의 모습과 달라진 까닭은 무엇인가요?   (   )

① 사람들은 늘 새로운 것을 좋아하기 때문에

② 이제 더 이상 좋은 일을 기원할 필요가 없기 때문에

③ 시대와 환경의 변화에 따라 생활 모습이 달라졌기 때문에

 오늘의 한 문장 정리

우리 민족은 설날과 추석 같은 ＿＿＿＿＿＿＿ 에 다양한 세시 풍속을 즐겼어요.

5일차
온라인 박물관

지문분석 동영상강의

옛날부터 전해지는 계절에 따른 생활 모습

에듀윌 박물관

https://eduwillmuseum.com/Koreanseasonalcustom

에듀윌 박물관
EDUWILL MUSEUM

전시 영상 보기 동영상 VR 보기

열두 달 사계절 세시 풍속

봄 여름 가을 겨울

단오

음력 5월 5일 단오는 옛날에는 설날, 추석과 함께 3대 명절로 손꼽힐 만큼 큰 명절이었어요. 조선 시대에는 해마다 단오가 되면 '단오 부채'라고 해서 관청에서 관리들에게 부채를 나누어 주었어요. 앞으로 다가올 더운 여름을 시원하게 날 수 있도록 준비한 것이지요.

단오는 농사에서 가장 중요한 모내기가 끝난 후 잠시 쉴 수 있는 때였어요. 남자들은 씨름을 하고 여자들은 **창포물**에 머리를 감고 그네를 뛰며 놀았어요. 또 수레바퀴 모양으로 만든 떡을 해 먹었어요. 이 떡을 먹으면 둥근 바퀴가 술술 굴러가는 것처럼 좋은 일이 많이 생긴다고 했어요.

🔺 창포

삼복

'삼복더위'라는 말을 들어 본 적 있나요? 한여름 몹시 심하게 더울 때 삼복더위라는 말을 자주 해요. 삼복은 7월 중순에서 8월 중순에 걸쳐 있는 초복, 중복, 말복 세 번의 복날을 통틀어 가리키는 말이에요. 우리 조상들은 1년 중 가장 더운 기간인 삼복에 닭을 삶아 **백숙**을 해 먹으면 그해의 더위를 물리친다 하여 즐겨 먹었어요.

- **창포물** 창포의 잎과 뿌리를 우려낸 물을 말해요.
- **백숙** '하얗게 삶았다'는 뜻으로, 고기나 생선을 양념을 하지 않고 맹물에 푹 삶아 익힌 음식을 말해요.

1 이 전시의 중심 내용으로 알맞은 것은 무엇인가요?   (   )

① 날씨와 사계절   ② 문화와 전통 놀이   ③ 열두 달 세시 풍속

2 이 전시의 내용으로 맞으면 ○표, 틀리면 ×표 하세요.

(1) 옛날에는 단오가 설날, 추석과 함께 3대 명절로 손꼽혔어요.   (   )

(2) 단오에는 가을에 거두어들인 햇곡식으로 송편을 해 먹었어요.   (   )

3 다음 빈칸에 들어갈 알맞은 낱말을 이 전시에서 찾아 쓰세요.

> 민준: 너무 더워서 숨이 막힐 것 같아. 우리 아이스크림 먹을까?
>
> 서연: 좋아! _____ (이)라더니, 정말 너무 덥다.

4 이 전시에 나오는 단오의 세시 풍속으로 알맞은 것은 무엇인가요?   (   )

①
▲ 관청에서 부채를
나누어 주는 모습

②
▲ 냇가에서 닭백숙을
해 먹는 모습

③
▲ 조상의 무덤을 찾아가
돌보는 모습

1~5일 지문에서 나온 중요 어휘를 정리해 보세요.

1 밑줄 친 낱말의 뜻을 알맞게 줄로 이으세요.

올림픽 대회를 통해 세계에 나라의 **위상**을 알렸어요.	어떤 것이 다른 것과의 관계 속에서 가지는 위치나 상태
한복은 우리나라의 **고유한** 옷이에요.	힘든 일을 번갈아 가며 서로 해 주는 것
마을 사람들이 서로 **품앗이**를 하며 김장을 해 나누었어요.	본래부터 가지고 있어 특별하다.
사람들은 줄다리기를 하며 마을의 **안녕**을 바랐어요.	아무 탈 없이 편안한 것
군인들이 **정변**을 일으켜 권력을 차지했어요.	옛날부터 전해 내려오는 생활 습관
옛날의 세시 **풍속**이 오늘날의 생활 모습에 맞게 바뀌었어요.	혁명이나 쿠데타 같은 수단 으로 생긴 정치상의 큰 변동

2 밑줄 친 낱말과 뜻이 비슷한 낱말을 〈보기〉에서 찾아 빈칸에 쓰세요.

〈보기〉

| 다투다 | 맞서다 | 모양 | 열리다 | 빌다 |

(1) 2002년 한일 월드컵 대회가 **개최되었어요**. _____
모임이나 회의가 주최되어 열리다.

(2) 씨름은 상대방을 넘어뜨리는 것으로 승부를 **겨뤄요**. _____
서로 버티어 승부를 다투다.

(3) 조선 초기의 한복은 오늘날 한복과 **형태**가 조금 달라요. _____
사물의 생김새나 모양

(4) 보름달을 보며 소원을 빌고 농사가 잘되기를 **기원했어요**. _____
바라는 일이 이루어지기를 빌다.

(5) 광주 시민들은 '시민군'이라는 군대를 만들어 **대항했어요**. _____
지지 않으려고 맞서서 버티거나 항거하다.

3 다음 (   ) 안에 들어갈 알맞은 낱말을 골라 ○표 하세요.

(1) 한복은 우리 민족의 (**우아한** , **우와한**) 아름다움을 보여 주어요.

(2) 군인들이 무서워 벌써 (**몇일** , **며칠**) 동안 밖에 나가지 못했어요.

(3) 우리 민족은 삼국 시대부터 김치를 (**담궈** , **담가**) 먹었다고 전해요.

(4) 긴 (**널빤지** , **널판지**)로 만든 널 위에 올라서서 번갈아 뛰어 올라요.

(5) 동지에는 붉은색 팥죽을 쑤어 먹으며 나쁜 귀신을 (**쫓아냈어요** , **좇아냈어요**).

4주

길을 따라가서 치즈 찾기

🧀 쥐가 치즈를 먹으려고 해요. 어떤 길을 따라가야 치즈를 찾을 수 있는지 줄을 그어요.

머리가 맑아지는 체조

🪐 다음 동작을 순서대로 하나씩 천천히 따라해 보아요.

①

두 손으로 땅을 짚고
다리를 쭉 펴고 앉아요.

②

몸을 뒤로 천천히 기울여요.

③

몸을 적당히 뒤로 기울인 채 두 팔에
힘을 주고 벌떡 일어서요.

④

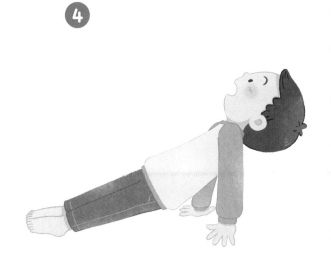

고개를 뒤로 젖히고
20초 동안 머물러요.

에듀윌 초등 문해력보스 한국사 우리 문화 ❸

발 행 일	2022년 9월 8일 초판
저 자	방대광, 김현숙, 신범식, 조윤호, 에듀윌초등문해력연구소
펴 낸 이	권대호
펴 낸 곳	(주)에듀윌
등록번호	제25100-2002-000052호
주 소	08378 서울특별시 구로구 디지털로34길 55
	코오롱싸이언스밸리 2차 3층

www.eduwill.net

대표전화 1600-6700

여러분의 작은 소리
에듀윌은 크게 듣겠습니다.

여러분의 이야기를 들려주세요.
공부하시면서 어려웠던 점, 궁금한 점,
칭찬하고 싶은 점, 개선할 점, 어떤 것이라도 좋습니다.

에듀윌은 여러분께서 나누어 주신 의견을
통해 끊임없이 발전하고 있습니다.

에듀윌 도서몰 book.eduwill.net
교재내용 문의 에듀윌 도서몰 → 문의하기 → 교재(내용, 출간) → 초등 문해력

문해력 보스

바른답과 도움말

한국사

초등 3~6학년

우리 문화 ❸ 조선 후기~근현대

eduwill

바른답과 도움말

한국사 초등 3~6학년

우리 문화 ③ 조선 후기~근현대

글 **정조는 왜 수원에 성을 만들었을까요?**

문단	중심 낱말	중심 내용
1문단	수원 화성	수원 화성은 정조가 건설한 도시예요.
2문단	수원 화성	수원 화성은 성곽 건축의 꽃으로 불려요.

정답

1   •———•   2   ③
      •———•
3   ①   4   방화수류정

한 문장 정리   정조

2 이 글은 정조가 만든 수원 화성에 관한 내용을 담고 있습니다. 수원 화성은 적군이 쳐들어왔을 때 잘 막아 내기 위해 동서남북 4개의 문에는 항아리 모양의 옹성을 쌓고, 공심돈 같은 독특한 방어 시설도 갖추었습니다.
3 '수원 화성'은 정약용이 만든 거중기를 이용한 덕분에 처음 예상한 것보다 빨리 완성될 수 있었습니다.
4 주변의 자연과 조화를 잘 이루고 있는 '방화수류정'은 화성에서 가장 아름다운 건축물로 손꼽힙니다.

온라인대화   수원 화성에 담긴 왕의 꿈

정답

1   ②   2   (1) × (2) ×
3   ②   4   거중기

1 이 온라인 대화는 정조와 정약용의 대화입니다.
2 (1) 정조는 수원 화성의 행궁 앞에 시장을 만들려고 했습니다.
   (2) 수원 화성을 건설할 때 참여한 일꾼들은 일한 만큼의 품삯을 받았습니다.
3 정조는 조선을 새롭게 개혁하는 데 근거로 삼기 위해 수원 화성을 만들었습니다.
4 정약용이 『기기도설』을 참고해 만든 거중기는 도르래의 원리를 이용해 적은 힘으로 무거운 물건을 들어 올리는 장치입니다.

글 **조선 후기의 서민 문화는 무엇일까요?**

문단	중심 낱말	중심 내용
1문단	서민 문화	경제적으로 여유가 생긴 서민들은 문화에 관심을 가졌어요.
2문단	판소리	판소리는 서민들은 물론 양반층에게도 인기를 끌었어요.
3문단	탈놀이	탈놀이는 백성들의 생각을 솔직하게 표현했어요.

정답

1   ③   2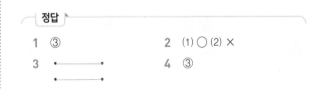
3   ①   4   양반

한 문장 정리   서민

1 이 글은 조선 후기에 발달한 서민 문화인 판소리와 탈놀이에 관한 내용을 담고 있습니다. 따라서 이 글의 중심 낱말은 '판소리'와 '탈놀이'입니다.
3 판소리는 구경꾼들도 추임새를 넣으며 공연에 참여할 수 있기 때문에 서민들에게 큰 호응을 얻었습니다.
4 탈놀이는 조선 시대 지배 계층인 양반에 대한 풍자를 담고 있어서 백성들에게 인기가 매우 많았습니다.

초대장   재미있는 판소리 공연을 보러 오세요

정답

1   ③   2   (1) ○ (2) ×
3   •———•   4   ③
      •———•

1 판소리 다섯 마당은 「심청가」, 「춘향가」, 「흥부가」, 「수궁가」, 「적벽가」를 일컫습니다.
2 (2) 「적벽가」는 중국 삼국 시대, 유비의 군대가 적벽 대전에서 조조의 군사를 크게 이기는 이야기를 담고 있습니다.
4 이 장면은 감옥에 갇힌 성춘향이 어사또가 되어 돌아온 이몽룡과 대화하는 부분입니다. 따라서 「춘향가」임을 알 수 있습니다.

글 **조선 후기에 유행한 그림은 무엇일까요?**

문단	중심 낱말	중심 내용
1문단	진경산수화	정선은 우리나라에 실제로 존재하는 경치를 사실적으로 그렸어요.
2문단	풍속화, 민화	풍속화와 민화는 사람들의 생활 모습이나 감정을 솔직하게 그린 그림이에요.

정답

1 ② 2 (교차선)

3 진경 4 ①

한 문장 정리 풍속화

1 이 글은 조선 후기에 유행한 그림에 관한 내용을 담고 있습니다. 1문단은 조선 후기 화가 '정선'과 '진경산수화'에 관한 내용을 담고 있습니다. 따라서 이 글의 중심 낱말로 알맞지 않은 것은 '풍속화'입니다.

3 정선이 그린 그림은 우리나라에 실제로 존재하는 경치를 사실적으로 그렸다고 해서 '진경산수화'라고 부릅니다.

4 조선 후기 대표적 풍속화가 김홍도는 서민들의 일상생활을 생동감 있게 표현했습니다.

온라인박물관 **대표 풍속화가, 김홍도와 신윤복**

정답

1 ① 2 (1) × (2) ○

3 안경 쓴 학생 4 ②

1 이 전시에 나오는 풍속화는 김홍도의 「서당」과 신윤복의 「단오풍정」입니다.

2 (1) 「단오풍정」은 신윤복이 그린 풍속화입니다. '산수화'는 산과 물이 어우러진 자연의 아름다움을 그린 그림입니다.

3 김홍도의 「서당」에서 안경 쓴 학생은 나오지 않습니다.

4 이 전시의 주제는 풍속화입니다. 따라서 풍속화에 속하는 그림은 논을 가는 백성들의 모습을 그린 김홍도의 「논갈이」입니다. ①번은 정선의 「금강전도」, ③번은 심사정의 「홍련」입니다.

글 **실학자들은 어떤 일을 했을까요?**

문단	중심 낱말	중심 내용
1문단	열하일기	박지원은 『열하일기』에서 청나라에서 경험한 새로운 문물을 소개했어요.
2문단	대동여지도	김정호는 대동여지도를 목판에 새겨 똑같은 지도를 여러 장 만들 수 있도록 했어요.

정답

1 ① 2 (연결선)

3 ① 4 ㉠ 문물 ㉡ 목판

한 문장 정리 실학자

1 이 글은 조선 후기의 실학자들이 남긴 문화유산인 『열하일기』와 대동여지도에 관한 내용을 담고 있습니다. 따라서 이 글의 중심 낱말로 알맞지 않은 것은 '청나라'입니다.

3 박지원은 조선에도 실용적인 학문이 필요하다고 널리 알리기 위해 『열하일기』를 지었습니다.

4 박지원은 『열하일기』에서 청나라에서 경험한 새로운 ㉠ 문물과 발전된 모습을 두루 소개했고, 김정호는 대동여지도를 ㉡ 목판에 새겨 똑같은 지도를 여러 장 만들어 많은 사람이 이용할 수 있도록 했습니다.

광고 **실학자들이 만든 책과 지도**

정답

1 ③ 2 (1) × (2) ○

3 ① 4 수레

1 『열하일기』를 쓴 사람은 조선 후기 실학자 박지원입니다.

2 (1) 대동여지도는 김정호가 만든 우리나라의 지도입니다.

3 대동여지도는 목판에 새겼기 때문에 한 번에 여러 장을 찍어 낼 수 있습니다.

4 박지원은 『열하일기』에서 조선이 가난한 이유는 수레가 다니지 않기 때문이라고 했습니다. 수레를 이용해 물건을 편하게 실어 나르면 지역 간에 물건을 사고파는 교역이 활발해지고 상업이 발달할 수 있다고 주장했습니다.

글 우리나라의 문화유산이 왜 프랑스에 있게 된 것일까요?

문단	중심 낱말	중심 내용
1문단	의궤	병인양요 때 프랑스 군대가 물러가면서 외규장각 『의궤』를 약탈해 갔어요.
2문단	의궤	외규장각 『의궤』를 보면 조선 시대 왕실의 행사 모습을 알 수 있어요.

정답

1   ①   2 •————•

3   병인양요   4   ③

한 문장 정리 (외규장각) 의궤

1 이 글은 병인양요(1866년) 때 프랑스 군대에게 빼앗긴 외규장각 『의궤』에 관한 내용을 담고 있습니다. 따라서 이 글의 중심 낱말은 '의궤'입니다.

3 1866년 흥선 대원군이 프랑스 선교사들을 처형한 일을 구실로 프랑스 군대가 강화도에 침입한 사건은 '병인양요'입니다.

4 『의궤』를 보면 당시 사용되었던 물건의 모습을 생생하게 알 수 있기 때문에 다시 만들 수 있습니다.

뉴스   145년 만에 돌아온 외규장각 의궤

정답

1   ③   2   (1) × (2) ◯

3   무작정 손꼽아 기다리기   4   ①

1 외규장각 『의궤』는 프랑스 군대가 약탈해 갔습니다.

2 (1) 프랑스는 우리나라와 계약을 맺고 외규장각 『의궤』를 빌려주고 있습니다.

3 프랑스에 빼앗긴 외규장각 『의궤』를 우리나라가 완전히 돌려받기 위해서는 『의궤』 반환 정책을 만들고, 외국에 빼앗긴 우리 문화재에 대해 계속 관심을 가질 수 있도록 국민들이 적극적으로 노력해야 합니다.

4 현재 국립 중앙 박물관에 있는 『의궤』는 프랑스에게 빌려 온 것입니다. 따라서 이 포스터에 들어갈 제목은 '의궤가 우리의 품으로 돌아오기를 바란다'는 내용이 알맞습니다.

정답

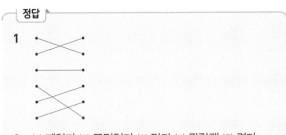

2   (1) 빼앗다 (2) 꾸밈없다 (3) 막다 (4) 관람객 (5) 겪다

3   (1) 반환되지 (2) 익살스러운 (3) 횡포 (4) 거중기 (5) 새겨

2 (1) '빼앗다'는 남의 것을 억지로 제 것으로 만드는 것을 뜻합니다.

(2) '꾸밈없다'는 거짓으로 꾸미지 않고 참되고 순수한 것을 뜻합니다.

(3) '막다'는 길이나 통로를 통하지 못하게 하는 것을 뜻합니다.

(4) '관람객'은 영화나 운동 경기를 구경하는 손님을 뜻합니다.

(5) '겪다'는 어렵거나 경험될 만한 일을 당하여 치르는 것을 뜻합니다.

1일차 근대 학교
36~39쪽

글 **개항 이후 학생들은 무엇을 배웠을까요?**

문단	중심 낱말	중심 내용
1문단	근대 학교	개항 이후 원산 학사와 육영 공원과 같은 근대 학교가 세워졌어요.
2문단	배재 학당, 이화 학당	서양의 선교사들은 배재 학당, 이화 학당과 같은 근대 학교를 세웠어요.

정답

1 ③

2 •———•
•———•

3 육영 공원

4 이화 학당

한 문장 정리 학교

1 이 글은 개항 이후 조선에 세워진 서양식 근대 학교에 관한 내용을 담고 있습니다. 따라서 이 글의 중심 낱말은 '학교'입니다.

3 육영 공원은 1886년 정부가 미국인 교사를 초청하여 세운 근대 학교입니다.

4 배재 학당은 아펜젤러가 세운 학교입니다. 이화 학당은 스크랜턴이 세운 학교로, 우리나라 최초의 여성 교육 기관입니다.

온라인대화 역사 탐구반 근대 학교 답사

정답

1 ②

2 (1) ○ (2) ○

3 ①

4 원산 학사

1 이 대화에 나오는 서양식 근대 학교는 '배재 학당'과 '이화 학당' 그리고 '원산 학사'입니다.

3 배재 학당과 이화 학당의 공통점은 외국인 선교사가 세운 서양식 학교라는 것입니다. 양반의 자식들과 젊은 관리들에게 영어를 주로 가르치기 위해 조선 정부가 세운 학교는 육영 공원입니다.

4 원산 학사는 1883년 세워진 우리나라 최초의 근대식 사립 학교로, 원산 지역의 관리와 주민들이 힘을 모아 세운 학교입니다.

2일차 독립신문, 대한매일신보
40~43쪽

글 **우리나라를 지키기 위해 신문은 어떤 역할을 했을까요?**

문단	중심 낱말	중심 내용
1문단	독립신문	우리나라 최초의 민간 신문인 『독립신문』은 자주독립을 강조했어요.
2문단	대한매일신보	『대한매일신보』는 조선의 자주독립과 민족의식을 일깨우기 위한 활동을 했어요.

정답

1 ②

2 •———•
•———•

3 ②

4 ⊙ 한글 ⓒ 항일

한 문장 정리 민족

1 이 글은 대한 제국 시기 민족의식을 일깨우고 독립을 지키기 위해 노력한 『독립신문』과 『대한매일신보』에 관한 내용을 담고 있습니다.

3 『대한매일신보』는 외국 사람인 베델이 사장이었기 때문에 일제로부터 신문을 검열받지 않을 수 있었습니다.

4 『독립신문』은 ⊙ 한글로 실어 누구나 쉽게 나랏일을 알 수 있도록 했고, 『대한매일신보』는 일본의 침략에 맞서 싸우는 ⓒ 항일 운동을 했습니다.

신문기사 독립신문, 민족의식을 깨우다

정답

1 ③

2 (1) ○ (2) ✕

3 ③

4 세상일이 어떻게 돌아가는지 알겠어.

1 이 신문에는 '광고'와 '논설'이 실려 있습니다.

2 (2) 하루씩 건너서 신문을 보내 준다고 했습니다. 따라서 신문은 2일에 한 번씩 새로 나온다는 것을 알 수 있습니다.

3 신문을 만든 이유는 조선에 사는 남녀노소 모두 조선에서 일어나는 일을 알게 하려는 뜻에서입니다.

4 신문을 본 조선의 백성들은 세상일이 어떻게 돌아가는지 깨닫게 될 것이라고 했습니다. 따라서 신문을 읽은 사람의 반응으로는 "세상일이 어떻게 돌아가는지 알겠어."라는 말이 알맞습니다.

글 **고종이 황제에 오른 장소는 어디일까요?**

문단	중심 낱말	중심 내용
1문단	환구단	고종은 환구단에서 황제의 자리에 올랐고 나라 이름을 '대한 제국'으로 바꾸었어요.
2문단	환구단	고종은 환구단을 지어 다시 하늘에 제사를 지냈어요.

정답

1 ③

2 (교차)

3 제단

4 ③

한 문장 정리 환구단

1 이 글은 1897년 고종이 환구단에 올라 대한 제국의 탄생을 선포하는 내용을 담고 있습니다. 따라서 이 글의 중심 낱말은 '환구단'입니다.

3 환구단은 황제가 하늘에 제사를 지내고자 둥글게 쌓은 제단입니다.

4 고종은 나라 이름을 '조선'에서 '대한 제국'으로 바꾸었습니다.

스토리보드 **황제가 다스리는 나라, 대한 제국**

정답

1 ③

2 (1) ✕ (2) ✕ (3) ○

3 황룡포

4 대한

1 이 스토리보드는 1897년 고종이 환구단에 올라 대한 제국을 선포하는 내용을 담고 있습니다. 명성 황후는 1895년 을미사변 때 일본인들에게 죽임을 당했으므로 이 장면에서는 나올 수 없습니다.

2 ⑴ 고종은 금빛(누런색)으로 칠한 수레를 타고 환구단으로 들어왔습니다.

⑵ 고종은 환구단에서 '대한 제국의 황제'임을 고했습니다.

3 장면 2에서 고종은 황룡포를 입었습니다. 황룡포는 누런색 비단에 용무늬가 수놓인 옷으로, 예전에는 중국의 황제만 입을 수 있던 옷입니다.

4 장면 4에서 고종이 '조선'에서 '대한'으로 바꾼 나라 이름을 큰 목소리로 널리 알렸다는 것을 통해 알 수 있습니다.

글 **개항 이후 변화된 생활 모습은 어땠을까요?**

문단	중심 낱말	중심 내용
1문단	전깃불, 전신, 전화	경복궁에서 처음으로 전깃불이 켜졌어요.
2문단	전차, 철도	최초의 전차와 철도가 설치되었어요.
3문단	근대 문물	근대 문물이 들어와 생활 모습이 바뀌었어요.

정답

1 ③

2 (교차)

3 경인선

4 ③

한 문장 정리 문물

1 1문단은 1876년 개항 이후 조선에 들어온 서양의 전깃불, 전신과 전화 같은 근대 문물에 관한 내용을 담고 있습니다. 따라서 1문단의 중심 낱말로 알맞지 않은 것은 '전차'입니다.

3 서울 노량진에서 인천 제물포를 잇는 경인선 철도가 개통(1899년 9월)되었습니다.

4 기차가 다니는 철도는 일제가 대륙(중국)으로 진출하기 위한 군사적 목적으로 설치했습니다.

SNS **전깃불도 보고 전차도 타고 왔어요**

정답

1 ①

2 (1) ✕ (2) ○

3 ㉠ 정류장 ㉡ 도깨비불 4 전차

1 우리나라에서 전깃불이 처음 켜진 곳은 경복궁입니다.

2 ⑴ 고종 때 우리나라 최초로 전깃불이 켜졌습니다.

3 최초의 전차는 ㉠정류장이 따로 없어 승객들이 요청하면 어디서나 멈추었고, 사람들은 어둠 속에서 깜빡거리는 전등불을 보며 ㉡도깨비불 같다고 부르며 수군거렸습니다.

4 전차는 '전기의 힘으로 움직이는 수레'라는 뜻으로, 1899년(5월) 우리나라에 처음 개통된 교통수단입니다.

글 개항 이후 도시에 세워진 서양식 건물은 무엇일까요?

문단	중심 낱말	중심 내용
1문단	명동 성당	명동 성당은 조선에 세워진 대표적인 서양식 건물이에요.
2문단	석조전, 중명전	덕수궁에는 서양식 건물인 석조전과 중명전이 세워졌어요.

정답

1 • —— •

2 을사늑약

3 ②

4 석조전

한 문장 정리 서양

2 이 글은 개항 이후 조선에 세워진 서양식 건물에 관한 내용을 담고 있습니다. 덕수궁에 세워진 서양식 건물인 중명전은 1905년 일제가 대한 제국의 외교권을 강제로 빼앗아 간 조약인 을사늑약이 맺어진 장소입니다.

3 서울에 세워진 서양식 건물인 명동 성당은 하늘 높이 솟은 뾰족한 지붕이 있어 '뾰족집'이라고 불렸습니다.

4 덕수궁 석조전은 식당과 침실 등을 갖추고 있어 황실 가족들이 생활하는 장소인 동시에 고종이 나랏일을 살펴보는 장소였습니다.

웹툰 개항 이후 도시로 간 역사 탐험대

정답

1 ②

2 (1) ○ (2) ✕

3 ③

4 (덕수궁) 중명전

1 이 웹툰은 조선에 세워진 서양식 건물 명동 성당, 덕수궁 안의 석조전과 중명전에 관한 내용을 담고 있습니다.

2 (2) 역사 탐험호가 찾아간 시대는 개항 이후 대한 제국 시기(1897~1910년)입니다.

3 석조전은 대한 제국을 선포한 고종 황제가 대한 제국이 강력한 힘을 가진 근대 국가라는 모습을 보여 주기 위해 궁궐 안에 지은 서양식 건물입니다.

4 덕수궁 중명전은 1905년 일제가 대한 제국의 외교권을 강제로 빼앗아 간 조약인 을사늑약이 맺어진 장소입니다.

정답

1

2 (1) 놓이다 (2) 맺다 (3) 가르치다 (4) 바뀌다 (5) 오르다

3 (1) 제단 (2) 개통 (3) 항일 (4) 동원 (5) 수군거렸어요

2 (1) '놓이다'는 일정한 곳에 기계나 장치, 구조물이 설치되는 것을 뜻합니다.

(2) '맺다'는 관계나 인연을 이루거나 만들다는 뜻입니다.

(3) '가르치다'는 지식이나 기능을 깨닫게 하거나 익히게 하는 것을 뜻합니다.

(4) '바뀌다'는 원래의 내용이나 상태가 다르게 고쳐지는 것을 뜻합니다.

(5) '오르다'는 지위나 신분을 얻게 되는 것을 뜻합니다.

정답

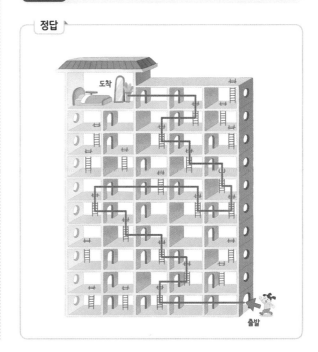

글 일제는 왜 감옥을 만들었을까요?

문단	중심 낱말	중심 내용
1문단	서대문 형무소	일제는 서대문 형무소라는 감옥을 만들었어요.
2문단	서대문 형무소	서대문 형무소에서 독립운동가들이 목숨을 잃었어요.

정답

1 (연결선)   2 ②

3 ②   4 3·1 운동

한 문장 정리 서대문 형무소

2 이 글은 일제가 우리나라에 만든 감옥인 서대문 형무소에 관한 내용을 담고 있습니다. 일제가 만든 서대문 형무소는 현재 과거의 아픈 역사를 기억하고 교훈으로 삼기 위한 박물관으로 운영되고 있습니다.

3 일제는 독립운동가를 잡아 가두기 위해 서대문 형무소를 만들었습니다.

4 일제는 독립운동가를 잡아 서대문 형무소에 가두었는데, 1919년 3·1 운동 이후 독립운동을 하다 서대문 형무소에 갇힌 사람의 수가 3천 명이 넘었습니다.

웹툰 감옥에서도 만세를 부른 유관순

정답

1 ②   2 (1) ○ (2) ○

3 ①   4 유관순

1 일제 강점기의 독립운동가 유관순은 서대문 형무소에 갇혀 있다 목숨을 잃었습니다.

3 유관순은 3·1 운동 이후 천안 아우내 장터에서 만세 시위를 주도하다 잡혀 왔습니다.

4 서대문 형무소 역사관에서는 일제 강점기 서대문 형무소에 수감되었다가 죽은 학생 유관순을 비롯한 독립운동가들의 이름과 나이 등을 적은 수형 기록 카드를 전시하고 있습니다.

글 한글을 지키려고 어떤 노력을 했을까요?

문단	중심 낱말	중심 내용
1문단	조선어 연구회	국어학자들은 조선어 연구회를 만들어 한글을 널리 알리기 위해 노력했어요.
2문단	조선어 학회	일제는 조선어 학회를 독립운동 단체로 여기고 강제로 해산했어요.

정답

1 ①   2 (연결선 교차)

3 조선어 학회   4 ②

한 문장 정리 한글(우리말과 우리글)

1 이 글은 일제 강점기에 한글을 널리 알리기 위해 노력한 조선어 연구회와 조선어 학회에 관한 내용을 담고 있습니다. 따라서 이 글의 중심 낱말은 '한글'입니다.

3 1942년 일제가 조선어 학회를 독립운동 단체로 여기고 회원들을 감옥으로 끌고 간 후 조선어 학회를 강제로 해산한 사건은 '조선어 학회 사건'입니다.

4 조선어 연구회에서는 1926년 '가갸날'을 제정하여 세종이 훈민정음을 창제한 것을 기념했습니다.

영화 우리말을 지켜라, 말모이 작전

정답

1 ③   2 (1) × (2) ○

3 ②   4 ②

1 조선어 학회는 국어의 연구와 발전을 목적으로 한 단체로, 일제의 탄압 아래에서도 우리말을 연구하고 보급하기 위해 목숨을 걸고 노력했습니다.

2 (1) 조선어 학회는 우리말의 연구와 발전을 목적으로 만든 단체입니다.

3 조선어 학회 회원들은 우리말이 사라질 것을 걱정하며 전국에서 사용되는 우리말을 모아 사전을 만들기로 했습니다.

4 광복 후(1945년 9월) 우리말 『큰사전』을 만들기 위해 써 놓은 원고가 서울역 창고에서 발견되었고, 1947년 10월 우리말 『큰사전』 1권이 완성되어 세상에 나왔습니다.

글   평화의 소녀상은 왜 만들어졌을까요?

문단	중심 낱말	중심 내용
1문단	일본군 '위안부'	한국인을 비롯한 많은 여성이 일본군 '위안부'로 끌려가 고통을 당했어요.
2문단	일본군 '위안부'	일본군 '위안부' 피해자의 명예를 되찾기 위해 평화의 소녀상을 만들었어요.

정답

1   ②   2

3   ③   4   평화의 소녀상

한 문장 정리   위안부

1   이 글은 일제 강점기 전쟁터에 강제로 끌려가 모진 고통을 당한 일본군 '위안부'에 관한 내용을 담고 있습니다. 따라서 이 글의 중심 낱말은 '위안부'입니다.

3   일본군 '위안부' 피해자들과 시민 단체가 시위를 하며 일본 정부의 공식적 사과를 받고 명예를 되찾기 위해 노력하고 있습니다.

4   일본군 '위안부' 피해자와 시민 단체가 일본군 '위안부' 피해자의 명예와 인권을 되찾기를 바라는 마음을 담은 평화의 소녀상을 만들어 국내외 곳곳에 세웠습니다.

인터뷰 일본군 '위안부' 피해자, 김 할머니의 소원

정답

1   ③   2   (1) × (2) ○

3   사과

4   가슴 아픈 역사를 기억해 주세요.

1   일본군 '위안부'는 일제가 침략 전쟁을 확대한 1930년대, 즉 일제 강점기 때 일어난 사건입니다.

2   (1) 일본 정부는 "'위안부'를 강제로 끌고 가지 않았다."라고 말하며 반성하지 않고 있습니다.

3   김 할머니는 일본군 '위안부' 문제에 대한 일본 정부의 공식적인 사과를 반드시 받아 내야 한다고 말했습니다.

4   일본군 '위안부' 피해자와 시민 단체는 가슴 아픈 우리의 역사가 잊혀지지 않기 바라는 뜻에서 일본군 '위안부' 피해자의 소망이 담긴 평화의 소녀상을 만들었습니다.

글   6·25 전쟁이 남긴 것은 무엇일까요?

문단	중심 낱말	중심 내용
1문단	판문점	판문점에서 6·25 전쟁을 멈추기로 하는 정전 협정이 맺어졌어요.
2문단	판문점	판문점은 분단된 남한과 북한이 마주 보고 있는 곳이에요.

정답

1   ②   2

3   ①   4   판문점

한 문장 정리   휴전선

1   이 글은 6·25 전쟁 결과 만들어진 휴전선과 판문점에 관한 내용을 담고 있습니다. 따라서 이 글의 중심 낱말은 '판문점'입니다.

3   6·25 전쟁을 멈추려고 하는 협상 결과 정전 협정을 맺었고, 38도선 부근의 자리는 휴전선이 되었습니다.

4   현재 판문점은 주로 남북한 대표가 만나 한반도의 평화를 위한 대화를 하는 장소로 쓰이고 있습니다.

동영상 옛이야기에 담긴 마을 이름의 유래

정답

1   ②   2   (1) ○ (2) ×

3   정전   4   왕십리

1   이 동영상은 판문점이라는 이름이 생기게 된 옛이야기(판문점의 유래)에 관한 내용을 담고 있습니다.

2   (2) 조선 시대 임진왜란이 일어나 선조가 평양으로 피란을 갈 때, 이 마을 사람들이 강의 다리를 놓아 주었습니다.

3   6·25 전쟁 때 판문점에서 전쟁을 멈추기로 하는 정전 협정을 맺었습니다. '종전'은 전쟁이 끝난 것을 뜻합니다.

4   서울특별시 성동구에 있는 '왕십리'라는 곳의 이름이 생긴 까닭에 관해 전해 오는 이야기입니다. 조선 초 태조 이성계의 부탁으로 새 나라의 도읍지가 될 만한 땅을 찾아 길을 떠난 무학 대사가 한양에 이르렀을 때 한 노인이 "10리를 더 가면 더 좋은 땅이 있다."라고 말을 했기 때문에 그곳을 '왕십리'라고 부르기 시작했다고 합니다.

글   경제 발전의 과정은 어떤 모습이었을까요?

문단	중심 낱말	중심 내용
1문단	경제 개발 5개년 계획	정부는 경제 개발 5개년 계획을 통해 경제를 발전시키려고 했어요.
2문단	새마을 운동	1970년대 정부에서는 새마을 운동을 추진했어요.

정답

1

2 ①

3 ③

4 경제 개발 5개년 계획

한 문장 정리 농촌

2 이 글은 1960~1970년대에 정부가 추진한 경제 개발 계획과 새마을 운동에 관한 내용을 담고 있습니다. 새마을 운동을 통해 농촌에서는 낡은 집을 현대식으로 고쳤습니다.

3 1970년대 정부는 농촌 환경을 개선하고 경제를 발전시키기 위한 정책으로 새마을 운동을 추진했습니다.

4 우리나라는 1950년에 6·25 전쟁이 일어나면서 국토가 황폐해져 경제적으로 어려움을 겪었습니다. 가난에서 벗어나기 위해 정부는 1960년대 초 '경제 개발 5개년 계획'을 세우고 체계적으로 실시했습니다.

광고 농촌 환경 바꾸기

정답

1 근면, 자조, 협동

2 (1) × (2) ○

3 새마을 운동

4 ①

1 새마을 운동의 정신은 '근면, 자조, 협동'입니다. '창의'는 새로운 의견을 생각하여 낸다는 뜻입니다.

2 (1) '금을 모아 나랏빚을 갚자'는 운동은 1997년에 발생한 외환 위기를 극복하기 위한 '금 모으기 운동'입니다.

3 1970년대 농촌 환경을 개선하기 위해 정부에서 주도한 새마을 운동은 농민들도 잘살 수 있다는 희망과 자신감을 심어 주었습니다.

4 새마을 운동을 통해 농촌에서는 초가집을 없애고 집을 현대식으로 고쳤습니다.

정답

1

2 (1) 지키다 (2) 나뉘다 (3) 어렵사리 (4) 갇히다
   (5) 되찾다

3 (1) 황폐해졌어요 (2) 쳐들어왔어요 (3) 방해 (4) 갇혀
   (5) 벌이면서

2 (1) '지키다'는 재산이나 이익을 잃거나 침해당하지 않도록 보호하거나 감시하여 막는 것을 뜻합니다.
   (2) '나뉘다'는 하나가 둘 이상으로 갈리는 것을 뜻합니다.
   (3) '어렵사리'는 매우 어렵게를 뜻합니다.
   (4) '갇히다'는 사람이나 동물이 벽이나 울타리로 둘러싸인 일정한 장소에 넣어져 밖으로 나오지 못하게 되는 것을 뜻합니다.
   (5) '되찾다'는 다시 찾거나 도로 찾는 것을 뜻합니다.

글　1980년 5월, 광주에 어떤 일이 있었을까요?

문단	중심 낱말	중심 내용
1문단	5·18 민주화 운동	1980년 5월 18일에 전라남도 광주에서 시위가 일어났어요.
2문단	5·18 민주화 운동	5·18 민주화 운동은 우리나라의 민주주의 발전에 바탕이 되었어요.

정답

1　　　　　　　　　　2　①

3　시민군　　　　　　　4　③

한 문장 정리　민주주의

2　이 글은 5·18 민주화 운동에 관한 내용을 담고 있습니다. 5·18 민주화 운동 기록물에는 시민들의 선언문, 사람들의 증언과 일기, 기자들의 취재 수첩, 피해자 보상 자료 등이 있습니다.

3　전두환이 보낸 계엄군이 시민들에게 폭력을 휘두르자 화가 난 시민들은 '시민군'을 만들어 대항했습니다.

4　전두환을 중심으로 한 군인 세력이 정변을 일으켜 권력을 차지하자, 전국에서 전두환이 물러날 것을 요구하며 대규모 시위를 벌였고 광주에서도 시위가 일어났습니다.

일기　1980년 5월 광주, 그날의 일기

정답

1　①　　　　　　　　　2　⑴ ✕ ⑵ ○

3　민주주의　　　　　　4　③

1　이 일기는 전라남도 '광주'에서 일어난 5·18 민주화 운동에 관한 내용을 담고 있습니다.

2　⑴ 5·18 민주화 운동은 독재 정권에 맞서 광주 시민들이 요구한 대규모 민주화 운동입니다.

3　군인들의 폭력에 화가 난 광주 시민들이 전라남도 도청 앞에 모여 "민주주의 만세!"를 외치며 군인들에게 대항했습니다.

4　이 그림일기는 5·18 민주화 운동을 겪은 일을 바탕으로 했습니다. 따라서 영화 제목으로는 '5월의 기억, 민주주의를 향해 싸운 광주 시민들'이라는 내용이 가장 알맞습니다.

글　우리나라에서 열린 국제 스포츠 대회는 무엇일까요?

문단	중심 낱말	중심 내용
1문단	서울 올림픽 대회	우리나라는 서울 올림픽 대회를 통해 경제 발전을 이룬 모습을 전 세계에 알렸어요.
2문단	한일 월드컵 대회	한일 월드컵 대회 때 많은 사람이 거리로 나와 열정적으로 응원했어요.

정답

1　②　　　　　　　　　2　（교차선）

3　경제　　　　　　　　4　③

한 문장 정리　올림픽

1　1문단은 우리나라에서 열린 국제 스포츠 대회인 1988년 서울 올림픽 대회에 관한 내용을 담고 있습니다. 따라서 1문단의 중심 낱말은 '올림픽'입니다.

3　1988년 서울 올림픽 대회에서 우리나라는 세계 4위라는 좋은 성적을 거두면서 가난을 벗어나 '눈부신 경제 발전을 이룬 나라'라는 새로운 모습을 전 세계에 알렸습니다.

4　2002년 한일 월드컵 대회는 월드컵 역사상 두 나라가 함께 연 첫 번째 대회입니다.

설문조사　2002년 한일 월드컵 대회 설문 조사

정답

1　①　　　　　　　　　2　⑴ ✕ ⑵ ○

3　4강　　　　　　　　4　민국

1　이 설문 조사는 2002년 한일 월드컵 대회를 취재하러 온 외국인 기자를 대상으로 한 설문 조사입니다.

2　⑴ 대한민국에 대한 이미지가 좋게 바뀐 사람(그렇다 54명 + 매우 그렇다 28명 = 82명)이 그렇지 않다는 사람(아니다 4명 + 매우 아니다 3명 = 7명)보다 더 많습니다.

3　국가 대표 선수들과 히딩크 감독이 이뤄 낸 4강의 성적이 가장 기억난다는 대답이 2위를 차지했습니다.

4　우리나라는 첨단 시설을 갖춘 경기장 등 준비에 철저했습니다. '소홀하다'는 중요하게 여기지 않는 태도를 말합니다.

글 **우리의 전통 음식과 옷은 무엇일까요?**

문단	중심 낱말	중심 내용
1문단	김치	김장을 해 나누는 것은 우리 민족만의 특별한 문화예요.
2문단	한복	한복은 우리나라의 전통 의복이에요.

정답

1 ②

2

3 ③

4 ㉠ 품앗이 ㉡ 양복

한 문장 정리 김치

1 1문단은 우리 민족의 전통 음식인 김치와 김장 문화에 관한 내용을 담고 있습니다. 따라서 1문단의 중심 낱말은 '김치'입니다.

3 오늘날에는 한복의 단점을 고쳐 활동하기에 편리한 '개량 한복'이 만들어졌습니다.

4 김치는 삼국 시대부터 먹은 우리 전통 음식으로, 겨울이 오기 전 마을 사람들이 서로 ㉠ 품앗이를 하며 담갔습니다. 한복은 오랜 역사를 가진 우리 전통 의복으로, 서양에서 들어온 ㉡ 양복과 구별하기 위해 한복이라고 불렀습니다.

백과사전 **아름다운 우리 옷, 한복**

정답

1 ③

2 (1) ○ (2) ×

3 ③

4 조선 후기

1 이 백과사전은 우리 민족의 전통 옷 한복에 관한 내용을 담고 있습니다. 따라서 (가)에 들어갈 알맞은 내용은 '한복의 역사와 변화'입니다.

2 (2) 오늘날에는 한복을 명절이나 특별한 날에 주로 입습니다.

3 개항 이후 서양의 문물과 함께 양복이 들어오고, 여성들도 점차 사회 활동을 하게 되면서 한복도 생활하기 편리하도록 치마 길이가 짧아지는 등 모양이 변했습니다.

4 이 그림은 조선 후기 풍속화가 신윤복의 「미인도」입니다. 그림 속 여자가 입은 한복 저고리를 보면 길이가 매우 짧습니다. 따라서 조선 후기 여인의 모습을 그렸다는 것을 알 수 있습니다.

글 **옛날 사람들은 어떤 놀이를 즐겼을까요?**

문단	중심 낱말	중심 내용
1문단	민속놀이	옛날부터 오늘날까지 전해 내려오는 놀이를 민속놀이라고 해요.
2문단	씨름, 그네뛰기	옛날에는 남자들과 여자들이 하는 놀이가 달랐어요.
3문단	줄다리기, 고싸움놀이	민속놀이에는 마을 사람들이 함께 힘을 모아 하는 놀이도 많아요.

정답

1 ①

2

3 ①

4 고싸움놀이

한 문장 정리 민속놀이

1 이 글은 옛날부터 전해 내려오는 민속놀이에 관한 내용을 담고 있습니다. 따라서 이 글의 중심 낱말은 '민속놀이'입니다.

3 옛날에 여자들이 즐겼던 대표적인 놀이는 널뛰기와 그네뛰기가 있습니다.

4 고싸움놀이는 상대편의 고를 짓눌러 먼저 땅에 닿게 하는 편이 이기는 놀이입니다.

잡지 **민속놀이의 꽃, 씨름의 모든 것**

정답

1 ③

2 (1) ○ (2) ○ (3) ×

3 등 기술

4 ②

1 이 잡지는 씨름의 역사, 씨름의 기술과 경기 방법, 씨름 경기장에 관한 내용을 담고 있습니다.

2 (3) 씨름은 상대방을 넘어뜨리는 것으로 승부를 겨루는 놀이입니다.

3 씨름의 기술에는 크게, 손 기술, 발 기술(다리 기술), 허리 기술이 있습니다.

4 김홍도의 「씨름」은 ②번 그림입니다. ①번은 춤추는 아이를 그린 「무동」, ③번은 활쏘기를 연습하는 모습을 그린 「활쏘기」입니다.

글   **세시 풍속에는 무엇이 있을까요?**

문단	중심 낱말	중심 내용
1문단	세시 풍속	우리 민족은 명절에 다양한 세시 풍속을 즐겼어요.
2문단	세시 풍속	세시 풍속은 오늘날의 생활 모습에 맞게 변하면서 이어지고 있어요.

정답

1

2 ①

3 세배

4 ③

한 문장 정리   명절

2   이 글은 우리 민족이 옛날부터 즐겨 온 세시 풍속에 관한 내용을 담고 있습니다. 음력 8월 15일 추석에는 그해 새로 거두어들인 햇곡식과 과일로 맛있는 음식을 만들어 조상에게 차례를 지내고 송편을 빚어 먹었습니다.

3   설날 아침에는 새로 마련한 설빔을 곱게 차려입고 부모님이나 집안 어른들을 찾아뵙고 세배를 드렸습니다.

4   과학과 기술의 발달로 우리가 살아가는 모습은 옛날과 많이 달라졌습니다. 시대와 환경의 변화에 따라 전통적인 세시 풍속들이 오늘날의 생활 모습에 맞게 변하면서 이어지고 있습니다.

온라인박물관   **옛날부터 전해지는 계절에 따른 생활 모습**

정답

1 ③   2 (1) ○ (2) ×

3 삼복더위(삼복)   4 ①

1   이 전시는 봄, 여름, 가을, 겨울 열두 달 때에 따라 다른 세시 풍속에 관한 내용을 담고 있습니다.

2   (2) 음력 5월 5일 단오는 모내기가 끝난 후로, 단오에는 수레바퀴 모양의 떡을 해 먹었습니다.

3   '삼복더위'란 7월 중순에서 8월 중순에 걸쳐 있는 삼복 기간의 몹시 심한 더위를 말합니다.

4   조선 시대에는 단오가 되면 관청에서 더운 여름을 시원하게 나라는 뜻으로 부채를 나누어 주었습니다. 또 여자는 창포물에 머리를 감고 그네를 뛰며 놀았고, 남자는 씨름을 했습니다.

정답

1

2   (1) 열리다 (2) 다투다 (3) 모양 (4) 빌다 (5) 맞서다

3   (1) 우아한 (2) 며칠 (3) 담가 (4) 널빤지 (5) 쫓아냈어요

2   (1) '열리다'는 모임이나 회의가 시작되는 것을 뜻합니다.

   (2) '다투다'는 승부나 우열을 겨루는 것을 뜻합니다.

   (3) '모양'은 겉으로 나타나는 생김새나 모습을 뜻합니다.

   (4) '빌다'는 바라는 바를 이루게 해 달라고 신이나 사람에게 간절히 부탁하는 것을 뜻합니다.

   (5) '맞서다'는 서로 굽히지 않고 마주 겨루어 버티는 것을 뜻합니다.

정답

찾아보기

바른답_과 도움말

고객의 꿈, 직원의 꿈, 지역사회의 꿈을 실현한다

에듀윌 도서몰 book.eduwill.net
교재내용 문의 에듀윌 도서몰 → 문의하기 → 교재(내용, 출간) → 초등 문해력

교재의 오류는 에듀윌 도서몰 내 정오표에서 확인할 수 있으며, 잘못 만들어진
책은 구입처에서 교환해 드립니다.